阶梯式财务会计

张现争　曹文庆　姬志鹏　主　编

延邊大學出版社

图书在版编目（CIP）数据

阶梯式财务会计 / 张现争，曹文庆，姬志鹏主编
. -- 延吉：延边大学出版社，2020.12
ISBN 978-7-230-00527-2

Ⅰ．①阶… Ⅱ．①张… ②曹… ③姬… Ⅲ. ①财务会
计—教材 Ⅳ．①F234.4

中国版本图书馆CIP数据核字(2020)第250267号

阶梯式财务会计

主　　编：张现争　曹文庆　姬志鹏
责任编辑：王军有
封面设计：延大兴业
出版发行：延边大学出版社
社　　址：吉林省延吉市公园路977号　　邮　编：133002
网　　址：http://www.ydcbs.com　　E-mail：ydcbs@ydcbs.com
电　　话：0433-2732435　　传　真：0433-2732434
制　　作：山东延大兴业文化传媒有限责任公司
印　　刷：延边延大兴业数码印务有限责任公司
开　　本：787×1092 1/16
印　　张：9.25
字　　数：200千字
版　　次：2022 年 3 月 第 1 版
印　　次：2022 年 3 月 第 1 次印刷
书　　号：ISBN 978-7-230-00527-2

定　　价：60.00元

前　言

　　为全面落实《国家中长期教育改革和发展规划纲要（2010-2020年）》，教育部发布了《教育部关于推进中等和高等职业教育协调发展的指导意见》，明确指出"中等和高等职业教育在专业、课程与教材体系，教学与考试评价等方面仍然存在脱节、断层或重复现象"。为解决《财务会计》课程在中高职衔接中存在的问题，我们编撰了这本《阶梯式财务会计》。从中高职衔接的角度，中职学生学习相对简化的《小企业会计准则》，其必要性和现实性兼具。

　　《阶梯式财务会计》遵循理论与实践一体化的原则，依据"阶梯式"设计理念，力图达到"理实一体"。本书打破了传统的企业财务会计的知识排列顺序，依据企业的资金运动过程，按照从易到难的"阶梯式"设计思路编排。通过认真巧妙的编排，充分体现了全面性原则：既有增值税小规模纳税人的业务，也有增值税一般纳税人的业务。

　　在编写过程中我们走访了多家企业，感谢它们的慷慨相助；我们参阅了大量会计、财经文献，对它们的编著者表示真诚的感谢。

　　本书适用于中职会计专业的财务会计课程，同时也可用于小企业会计学习与训练。

　　鉴于时间所限，编者水平有限，虽力求完美，书中难免存在疏漏、错误与不足之处，敬请使用者批评与指正，以为镜鉴！

目 录

项目一 企业筹资业务的会计核算

❖ 【项目学习目标、方法、建议学时】

表 1-1 项目学习目标、方法、建议学时

	学习目标	学习方法	建议学时
知识目标	1.掌握企业股权性筹资的基本理论和核算方法 2.掌握企业债权性筹资的基本理论和核算方法	通过讨论、小组学习、师生交流等,加强对知识点的剖析及理解,从而加深对筹资业务的理解;通过典型例题导入,使学生掌握筹资业务的主要理论,掌握会计分录的编写方法	6
技能目标	1.熟练掌握企业筹资业务有关的会计分录 2.掌握模拟筹资业务的会计核算		
情感态度价值观目标	教学中渗透会计职业道德、法律规范教育,引导学生在会计核算中建立严谨的工作态度、诚信的价值观		

❖ 【项目学习】

　　企业在创立和发展过程中,必须拥有一定数量的资本。筹集资本的过程简称筹资。筹资是指企业根据自身生产经营、投资活动和资本结构调整等的需要,通过金融市场等筹资渠道,采用一定的筹资方式,集中有效地筹措资本的过程。企业的筹资活动主要可以分为股权性筹资和债权性筹资。

任务一　股权性筹集资本的核算

一、股权性筹资概述

（一）股权性筹资含义

股权性筹资一般有投入资本筹资和发行普通股筹资两种，形成的股权资本是企业依法取得并长期拥有，可自主调配运用的资本，是公司权益资本的主要构成部分。

（二）特点

1. 股权筹资是企业稳定的资本基础

股权资本没有固定的到期日，无须偿还，是企业的永久性资本，除非企业清算时才有可能予以偿还，这对于保障企业对资本的最低需求，促进企业长期持续稳定经营具有重要意义。

2. 企业所有者依法享有股权资本的所有权

企业所有者依法凭其所有权参与企业的经营管理和利润分配，并对企业的债务承担有限或无限责任。

3. 企业财务风险较小

股权资本不用在企业正常运营期内偿还，不存在还本付息的财务风险。企业可以根据其经营状况和业绩的好坏，决定向投资者支付报酬的多少，资本成本负担比较灵活。

二、股权性筹资的主要方式

（一）投入资本筹资

1. 含义

投入资本筹资是非股份制企业筹集股权资本的基本方式，是以协议等形式吸收国家、其他企业、个人和外商等直接投入的资本形成企业的投入资本。

2. 优点

投入资本筹资所筹取的资本属于企业的股权资本，能够提高企业的资信和借款能力；投入资本筹资不仅可以筹集货币资金，而且能够直接获得所需的先进设备和技术，能够尽快地形成生产经营能力，财务风险比较低。

3. 缺点

投入资本筹资的资金成本通常比较高；由于不能以股票为媒介，其产权关系有时不够明确，不便于产权交易。

（二）发行普通股筹资

1.含义

发行股票筹资是股份有限公司筹集股权资本的基本方式。股票作为持有人的入股凭证，一方面代表着股东对企业净资产的要求权；另一方面，普通股股东凭借其所拥有的股份，有权行使其相应的、对企业生产经营管理及其决策进行控制或参与的权利。

2.优点

（1）保证企业资本基础的稳定

股权资本没有固定的到期日，无须偿还，是企业的永久性资本，除非企业清算时才有可能予以偿还。

（2）提升企业信誉

股权资本作为企业最基本的资本，代表了公司的资本实力，是企业与其他单位组织开展经营业务，进行业务活动的信誉基础。与此同时，股权资本也是其他方式筹资的信用保障。

（3）财务风险比较小

股权资本不用在企业正常运营期内偿还，不存在还本付息的财务风险。另外，企业可以根据其经营状况和业绩的好坏，决定向投资者支付报酬的多少，资金成本比较灵活。

3.缺点

（1）资本成本负担较重

由于投资者投资于普通股风险较高，相应要求较高的报酬率，并且股利、红利从税后利润中支付；而且普通股的发行、上市等方面的费用也十分庞大。

（2）容易分散企业控制权

股权筹资由于引进了新的投资者或出售了新的股票，必然会导致企业控制权结构的改变，分散了企业的控制权。

（3）容易引起股票价格波动

利用普通股筹资，增加新股东，会降低普通股的每股收益，继而引起股票价格的波动。

【更上层楼】

我国《公司法》规定的公司形式是有限责任公司和股份有限公司。我国目前实行注册资本认缴制，认缴制的意思就是：注册资本不必在一开始就全部缴纳完成，而是只要在承诺的时限内（一般为10～20年）缴完即可，这极大地降低了公司注册时的资金压力。

有限责任公司是指股东以其认缴的出资额为限对公司承担责任，公司以其全部财产对公司的债务承担责任的公司。

股份有限公司是指将公司全部资本分为等额股份，股东以其认购的股份为限对公司承担责任，公司以其全部财产对公司的债务承担责任的公司。

三、股权性筹资的核算

（一）账户设置

1. "银行存款"账户

"银行存款"属于资产类账户，用来核算企业银行存款的增减变动情况及其结果。借方登记银行存款的增加额，贷方登记银行存款的减少额，期末余额在借方，表示期末结存的银行存款实有数额。如图 1-1 所示。

借方		银行存款	贷方	
期初余额	×××			
银行存款增加额	×××	银行存款减少额	×××	
	……		……	
本期借方发生额合计	×××	本期贷方发生额合计	×××	
期末银行存款余额	×××			

图 1-1　"银行存款"账户结构

2. "固定资产"账户

"固定资产"账户属于资产类账户，用来核算企业固定资产的增加、减少和结余情况。借方登记增加固定资产的原始价值，贷方登记减少的固定资产的原始价值，期末借方余额表示期末固定资产的原始价值。如图 1-2 所示。

借方		固定资产	贷方	
期初余额	×××			
固定资产增加额	×××	固定资产减少额	×××	
	……		……	
本期借方发生额合计	×××	本期贷方发生额合计	×××	
期末固定资产余额	×××			

图 1-2　"固定资产"账户结构

3. "无形资产"账户

"无形资产"账户属于资产类账户，用来核算企业无形资产的增加、减少和结余情况。借方登记企业外购、自行研发或接受投资增加的无形资产的成本，贷方登记因出售、报废、对外投资等原因减少的无形资产的成本，期末借方余额表示现在无形资产的成本。如图 1-3 所示。

借方		无形资产	贷方	
期初余额	×××			
无形资产增加额	×××	无形资产减少额	×××	
	……		……	
本期借方发生额合计	×××	本期贷方发生额合计	×××	
期末无形资产余额	×××			

图 1-3　"无形资产"账户结构

4. "实收资本"账户

"实收资本"账户属于所有者权益账户，用来核算所有者投入资本的增减变动情况及其结果。贷方登记实际收到的投资额，借方登记依法减少的资本数额，期末贷方余额表示投入资本的实有数额。如图 1-4 所示。

借方		实收资本	贷方	
		期初余额	×××	
实收资本减少额	×××	实收资本增加额	×××	
	……		……	
本期借方发生额合计	×××	本期贷方发生额合计	×××	
		期末实收资本余额	×××	

图 1-4 "实收资本"账户结构

【更上层楼】

股份有限公司应设置"股本"账户，不设置"实收资本"账户。"股本"账户核算公司实际发行股票的面值总额。该账户贷方登记公司在核定的股份总额范围内实际发行股票的面值总额，借方登记公司按照法定程序经批准减少的股本数额，期末余额在贷方，充分反映公司股本实有数额。

5. "资本公积"账户

"资本公积"账户属于所有者权益账户，用来核算企业收到投资者超出其在企业的注册资本中所占份额的投资。贷方登记资本公积的增加额，借方登记资本公积的减少额，期末贷方余额表示资本公积的实有数额。如图 1-5 所示。

借方		资本公积	贷方	
		期初余额	×××	
资本公积减少额	×××	资本公积增加额	×××	
	……		……	
本期借方发生额合计	×××	本期贷方发生额合计	×××	
		期末资本公积余额	×××	

图 1-5 "资本公积"账户结构

（二）业务核算举例

【例 1-1】××××铸造有限公司（增值税一般纳税人）由甲、乙、丙三家公司共同出资设立，公司注册资本 5 000 000 元，甲、乙、丙持股比例分别为 40%、40% 和 20%。2019 年 1 月 3 日，××××铸造有限公司收到各投资者一次性缴足的款项。

编制会计分录如下：

借：银行存款   5 000 000

  贷：实收资本——甲公司   2 000 000

      ——乙公司   2 000 000

——丙公司	1 000 000

【例1-2】××××铸造有限公司（增值税一般纳税人）接受丁投资者投资 5 000 000 元，占该公司注册资本 8 000 000 元的 37.5%。

编制会计分录如下：

借：银行存款	5 000 000
贷：实收资本——丁公司	3 000 000
资本公积	2 000 000

> 【更上层楼】
>
> 企业收到投资者投入的货币性资产时，应在实际收到或存入企业开户银行时，按实际收到的金额，借记"银行存款"账户，按照投资合同或协议约定的投资者在注册资本中所占的份额，贷记"实收资本"账户，按照实际收到的金额超过投资者在注册资本中所占份额的部分，贷记"资本公积"账户。

【例1-3】××××商贸有限公司（增值税一般纳税人）收到××××有限公司投入固定资产一批作为注册资本，经评估该固定资产不含税价值为 2 000 000 元，增值税专用发票列明税额为 260 000 元。

编制会计分录如下：

借：固定资产	2 000 000
应交税费——应交增值税（进项税额）	260 000
贷：实收资本——枣乡文化	2 260 000

【例1-4】续例1-3，若××××有限公司投入的固定资产占该企业注册资本 6 000 000 元的 30%，其他条件不变。

编制会计分录如下：

借：固定资产	2 000 000
应交税费——应交增值税（进项税额）	260 000
贷：实收资本——枣乡文化	1 800 000
资本公积	460 000

> 【更上层楼】
>
> 经股东（大）会或类似机构决议，企业可以用资本公积转增资本。用资本公积转增资本时，应冲减资本公积，同时按照转增前的实收资本（或股本）的构成比例，将转增的金额记入"实收资本"账户各明细账中。

【例1-5】××××饮食有限公司接受道口公司以非专利技术投资，经过双方评估确认该项非专利技术价值 200 000 元。

编制会计分录如下：

借：无形资产——非专利技术	200 000
贷：实收资本——道口公司	200 000

【更上层楼】

投资者以非现金资产投入的资本，企业按照评估价值，借记"固定资产""原材料""库存商品"等账户；增值税一般纳税人企业按照取得的增值税专用发票上的税额，借记"应交税费——应交增值税（进项税额）"账户；增值税小规模纳税人企业则要分别记入"固定资产""原材料""库存商品"等账户；按投资者在注册资本中所占的份额，贷记"实收资本"账户；评估价值与确认的实收资本的差额，贷记"资本公积"账户。

任务二　债权性筹资的核算

一、债权性筹资概述

债权性筹资的含义：债权性筹资是指企业按照约定代价和用途取得资金，并需要按期还本付息的一种筹资方式。就其性质而言，是不发生所有权转移的单方面资本使用权的让渡。债权性筹资所获得的资金，企业首先要承担资金的利息，另外，在借款到期后要向债权人偿还本金。

债权性筹资的特点：债权性筹资所取得的资本体现的是企业与债权人的债务与债权关系。债权人有权按期索取债权本息，但无权参与企业的经营管理和利润分配，对企业的其他债务不承担责任。而且，企业对持有的债务资本只在约定的期限内享有使用权，同时承担按期还本付息的义务。

二、债权性筹资的主要方式

（一）银行借款筹资

1.含义

银行借款筹资是各类企业经常采用的一种债务性筹资方式，是指由企业根据借款合同从有关银行或非银行金融机构借入所需资金的一种筹资方式。

2.优点

（1）筹资速度较快

企业利用银行借款筹资，程序简单，所需时间较短，可以快速地获得资金。

（2）资本成本较低

利用长期借款筹资的利息可在所得税前支付，减少企业实际负担；借款属于间接筹资，筹资费用也比较少。

（3）筹资弹性较大

银行借款筹资的灵活性较大。在实际用款期间，企业的财务状况若发生变化，可与银行再次协商，变更借款数量、还款期限等相关事项。

3.缺点

（1）筹资风险较大

银行借款有固定的利息负担和固定的偿付期限，风险较大。

（2）限制条件较多

银行借款筹资较多的限制条件可能会影响到企业以后的筹资和投资活动。

（3）筹资数量有限

银行借款能筹集到的资金数量有限，一般不如股票、债券筹集到的资金多。

（二）发行债券筹资

1.含义

债券筹资是指企业通过发行债券来筹资的一种筹资方式。若发行的债券符合国家有关规定，债券还可以在证券市场上自由流通转让。

2.优点

（1）资本成本较低

与股票的股利相比，债券的利息允许在所得税前支付，所以，公司实际负担的债券成本一般低于股票成本。

（2）可利用财务杠杆

无论发行公司的盈利多少，债券持有者一般只收取固定的利息，若公司使用资金后收益丰厚，增加的收益大于支付的利息额，则会增加股东财富和公司价值。

（3）保障公司控制权。

债券持有者一般无权参与发行公司的管理决策，因此，发行债券一般不会分散公司控制权。

3.缺点

（1）财务风险较高

债券通常有固定的到期日，需要定期还本付息。在公司经营不景气时，债券付息还本的压力极易成为公司严重的财务负担，还有可能导致公司破产清算。

（2）限制条件多

与长期借款、融资租赁相比，发行债券的限制条件比较多而且比较严格。

（3）筹资规模受制约

公司利用债券筹资一般受一定额度的限制。

（三）融资租赁筹资

1.含义

融资租赁，是指实质上转移了与租赁资产所有权有关的几乎全部风险和报酬的租赁。其所有权最终可能转移，也可能不转移。

融资租赁筹资是企业一种特殊的筹资方式。尤其适用于生产加工型企业。

2.优点

（1）能够迅速获得所需资产

融资租赁集融资与融物于一身，通过融资租赁，企业可以不必提前筹措设备价款所需的资金，就可以获得需要的设备，可使企业快速形成生产经营能力。

（2）限制条件较少

与股票、债券、长期借款等筹资方式相比，租赁筹资的限制条件很少。

（3）可规避设备陈旧过时的风险

多数租赁协议规定设备陈旧过时的风险由出租人承担，承租企业不必承担。

（4）融资租赁的全部租金可在整个租期内分期支付，适当降低不能偿付的风险。

3.缺点

融资租赁筹资的成本较高；承租企业在财务困难期间，支付固定的租金也会成为沉重的负担。

三、债权性筹资的核算

（一）账户设置

1.“短期借款”账户

“短期借款”账户属于负债类账户，用来核算企业从银行或其他金融机构借入的期限在一年以下（含一年）的短期借款的增减变动情况及其结果。贷方登记借入的各种短期借款，借方登记到期偿还的借款，期末贷方余额表示尚未偿还的短期借款实有数额。“短期借款”账户按借款种类、贷款人和币种设置明细账进行明细核算。如图1-6所示。

借方	短期借款		贷方
		期初余额	×××
到期偿还的短期借款	×××	借入的短期借款	×××
……		……	
本期借方发生额合计	×××	本期贷方发生额合计	×××
		余额：尚未归还的短期借款	×××

图1-6　“短期借款”账户结构

2.“财务费用”账户

“财务费用”账户属于损益类账户中的费用类账户，用来核算企业为筹集生产经营所需资金而发生的筹资费用，主要包括利息支出、银行手续费等。借方登记实际发生的财务费用，贷方登记期末转入“本年利润”账户的转销数，期末结转后该账户无余额。如图1-7所示。

借方	财务费用		贷方
实际发生的利息支出、手续费	×××	实际发生的利息收入	×××
		期末转入“本年利润”账户的财务费用	×××
……		……	
本期借方发生额合计	×××	本期贷方发生额合计	×××

图1-7　“财务费用”账户结构

3．"应付利息"账户

"应付利息"账户属于负债类账户，是用来核算企业因借入资金而发生利息的应付、偿还及余额情况的负债类账户。借方登记应付而未付利息的减少数，贷方登记应付而未付利息的增加数，期末余额在贷方，表示企业应付而未付利息的累计数。如图1-8所示。

借方		应付利息	贷方
		期初余额	×××
实际支付的利息数	×××	应支付的利息数	×××
	……		……
本期借方发生额合计	×××	本期贷方发生额合计	×××
		余额：应付未付的利息数	

图1-8　"应付利息"账户结构

4．"长期借款"账户

"长期借款"账户属于负债类账户，用来核算企业从银行或其他金融机构借入的期限在一年以上（不含一年）的各种借款的增减变动情况及其结果。贷方登记借入的各种长期借款本金，借方登记到期偿还的借款，期末贷方余额表示尚未偿还的长期借款实有数额。该账户应按照贷款种类和贷款单位等设置明细分类账户进行明细核算。

长期借款的利息费用应当在应付利息日计提。符合资本化条件的，计入相关资产的成本，如固定资产、无形资产、存货等；不符合资本化条件的，计入财务费用。如图1-9所示。

借方		长期借款	贷方
		期初余额	×××
到期偿还的长期借款	×××	借入的长期借款	×××
	……		……
本期借方发生额合计	×××	本期贷方发生额合计	×××
		余额：尚未偿还的长期借款	×××

图1-9　"长期借款"账户结构

（二）业务核算举例

【例1-6】2019年5月1日，××××铸造有限公司（增值税一般纳税人）从兴业银行安阳分行借入一笔短期借款50 000元，期限为半年，年利率为6%，款项存入在该行开立的一般存款账户，利息到期直接支付。由于利息费用金额较小不预提。

编制会计分录如下：

借：银行存款　　　　　　　　　　　　　　　　　　　　　　50 000
　　贷：短期借款　　　　　　　　　　　　　　　　　　　　　　50 000

【例1-7】续【例1-6】，2019年11月1日，××××铸造有限公司5月1日借入的50 000元短期借款到期，偿还本息。

编制会计分录如下：

利息＝本金×期限×利率＝50 000×6/12×6%＝1 500（元）

借：短期借款　　　　　　　　　　　　　　　　　　　50 000
　　财务费用——利息支出　　　　　　　　　　　　　　 1 500
　　贷：银行存款　　　　　　　　　　　　　　　　　　　　 51 500

【例1-8】2020年1月1日，××××铸造有限公司（增值税一般纳税人）从珠江银行借入一笔三个月期限的短期借款200 000元，年利率为6%。公司在该行开立一般存款账户，所借款项已存入该账户。根据借款协议，本金到期后一次归还，利息分月支付。

编制会计分录如下：

（1）1月1日，借入短期借款：

借：银行存款　　　　　　　　　　　　　　　　　　200 000
　　贷：短期借款　　　　　　　　　　　　　　　　　　　 200 000

（2）1月末，计提1月应负担的利息费用：

借：财务费用——利息支出　　　　　　　　　　　　　 1 000
　　贷：应付利息　　　　　　　　　　　　　　　　　　　　 1 000

（3）1月末，支付1月份利息：

借：应付利息　　　　　　　　　　　　　　　　　　　 1 000
　　贷：银行存款　　　　　　　　　　　　　　　　　　　　 1 000

为简化核算，也可将上面两个分录合并。

2月计提应负担的利息和支付利息的分录同1月份。

（4）3月末支付银行借款本金及利息：

借：财务费用——利息支出　　　　　　　　　　　　　 1 000
　　短期借款　　　　　　　　　　　　　　　　　　　200 000
　　贷：银行存款　　　　　　　　　　　　　　　　　　　 201 000

【更上层楼】

目前，对于短期借款，大部分银行是按照每月结算利息，也有银行是每个季度结算一次利息。

每月结算利息的，当月凭银行利息单据，采用直接摊销法全额转入财务费用。

按季度结算利息的，只有到季度末，银行才会收取一个季度的利息。如果由于某季度的前两个月没有银行单据、没有利息支出，不做账务处理是不合理的，因为尽管没有支付，但企业应负担相应的利息费用。正确的做法是，按照权责发生制预提月度利息，待季度末付息时再从中扣除，这种方法称为预提法。

【例1-9】××××铸造有限公司（增值税一般纳税人）为购建固定资产，2018年1月1日，从工商银行借入两年期，到期一次还本付息的长期借款3 000 000元，借款合同注明借款年利率为8%。公司在该行开立一般存款账户，所借款项已存入该账户。借款当日全部用于固定资产购建项目，购建的固定资产于2018年底达到预定可使用状态。合同约定每年年末支付利息，到期还本。

编制会计分录如下：

（1）取得借款时：

借：银行存款 3 000 000

贷：长期借款——工商银行 3 000 000

（2）第一年末计提并支付利息时：

借：在建工程 240 000

贷：应付利息 240 000

借：应付利息 240 000

贷：银行存款 240 000

（3）第二年末计提利息时：

借：财务费用——利息支出 240 000

贷：应付利息 240 000

（4）还本付息时：

借：长期借款——工商银行 3 000 000

应付利息 240 000

贷：银行存款 3 240 000

【更上层楼】

长期借款的利息费用的计提时点是借款合同约定的应付利息日，既不是实际支付利息日，也不是资产负债表日（如月末、季末、年末），即不需要预提利息费用。

长期借款利息的计算有单利和复利两种，我国现行多采用单利。单利利息的计算公式如下：

利息＝借款本金×借款期×利率

【练习与提高】

一、填空题

1. 企业的筹资活动主要可以分为_____和_____。
2. 股权筹资一般有_____和_____两种。
3. 投入资本筹资是_____筹集股权资本的基本方式。
4. 发行股票筹资是_____筹集股权资本的基本方式。
5. 债权性筹资所取得的资本体现的是企业与债权人的_____关系。

二、单项选择题

1. （　　）是企业的永久性资本，除非企业清算时才有可能予以偿还。
    A. 股权资本　　　　　　　　　　　B. 债权资本
    C. 银行借款　　　　　　　　　　　D. 发行债券
2. 企业收到投资者投入的资本时，应贷记（　　）账户。
    A. 银行存款　　　　　　　　　　　B. 资本公积
    C. 实收资本　　　　　　　　　　　D. 盈余公积
3. 企业收到投资者超出其在企业的注册资本中所占份额的投资时，应当贷记（　　）账户。
    A. 银行存款　　　　　　　　　　　B. 资本公积
    C. 实收资本　　　　　　　　　　　D. 盈余公积
4. 下列不属于债权性筹资方式的是（　　）。
    A. 银行借款　　　　　　　　　　　B. 发行债券
    C. 发行股票　　　　　　　　　　　D. 融资租赁
5. 企业计提短期借款的利息支出时，应贷记（　　）账户。
    A. 短期借款　　　　　　　　　　　B. 财务费用
    C. 应付利息　　　　　　　　　　　D. 管理费用

三、判断题

（　　）1. 企业在接受投资者投入的固定资产时，应当以评估价值确认资产成本。
（　　）2. 企业投资者投入的资本高于其在注册资本中享有的份额时，企业应将高出的部分计入营业外收入。
（　　）3. 企业接受的投资者以固定资产投资，其增值税额不能计入实收资本。
（　　）4. 资本公积的来源不是企业实现的利润，而是来自于资本溢价等。
（　　）5. 单利法下的利息＝借款本金×借款期×利率。

四、实训题

根据下列资料所给出的经济业务,编制会计分录。

2019 年 11 月,××××铸造有限公司发生下列经济业务:

(1)1 日,公司收到公司 1 投资,款项 50 000 元,同日收到大商公司投资,款项 30 000 元,均存入银行。

(2)3 日,收到公司 2 投入固定资产一批作为注册资本,经评估该固定资产不含税价值为 300 000 元,增值税专用发票列明税额为 39 000 元。

(3)6 日,公司收到公司 3 投入专利技术一项,评估价为 50 000 元。

(4)10 日,公司收到投资者投入资本 550 000 元,其中,400 000 元作为实收资本,另外,150 000 元作为资本公积,收到投资后已存入银行。

(5)12 日,经批准,将公司的资本公积 400 000 元转增为注册资本。

(6)15 日,公司从中原银行借入一笔流动资金借款,本金为 200 000 元。公司在该行开立一般存款账户,所借款项已存入该账户。根据借款合同的约定,借款期限为三个月,借款年利率为 6%,到期还本,按月计提利息,到期一次还本付息。

①取得借款时;

②前两个月计提利息时;

③到期归还本金和利息时。

(7)22 日,公司为购建固定资产,从兴业银行借入两年期的长期借款 1 000 000 元,公司在该行开立一般存款账户,所借款项已存入该账户。借款合同注明年利率为 7.2%,合同约定每年年末支付利息,到期还本。借款当日全部投入用于固定资产购建项目,购建的固定资产于第一年末达到预定可使用状态。

①取得借款时;

②第一年末计提利息时;

③支付第一年利息时;

④第二年末计提利息时;

⑤支付第二年利息时;

⑥还本付息时。

❖ **【项目学习评价】**

表 1-10

成功之处	
不足之处	
改进措施	

项目二 工业企业采购与付款业务的会计核算

❖ 【项目学习目标、方法、建议学时】

表 2-1 项目学习目标、方法、建议学时

	学习目标	学习方法	建议学时
知识目标	1.掌握原材料按实际成本计价的核算；原材料按计划成本计价的核算 2.掌握固定资产的初始计量、折旧、处置等核算 3.了解无形资产的概念和特征；无形资产的确认标准和具体内容；掌握无形资产的摊销 4.掌握其他货币资金、应付票据、预付账款、应付账款的核算	结合例题理解与掌握会计科目，学习基础经济业务的处理。从实际出发，联系身边的日常实例，增强感性认识，提高学习积极性	20
技能目标	1.熟练基础经济业务的会计分录 2.能够熟练地对固定资产、无形资产的成本进行准确的计量并作出相应的账务处理 3.掌握模拟采购与付款业务的会计核算	通过典型例题导入；通过对基础经济业务的练习，掌握会计分录的书写	
情感态度价值观目标	引导学生在会计核算中建立严谨的工作态度、诚信的价值观；培养学生热爱专业、热爱工作的情感	在教与学中理解会计职业道德，了解会计准则、遵循会计准则，养成严谨的工作作风	

❖ 【项目学习】

根据国家统计局修订的《统计上大中小微型企业划分办法（2017）》，按照行业门类，依据从业人员、营业收入、资产总额等指标，我国的企业主要划分为大型、中型、小型、微型等四种类型。其中，工业包括制造业，电力、热力、燃气及水生产和供应业。工业企业的划分标准如表 2-2 所示：

表 2-2 工业企业的划分标准

行业名称	指标名称	计量单位	大型（同时满足）	中型（同时满足下限）	小型（同时满足下限）	微型
工业	从业人员（X）	人	X≥1000	300≤X<1000	20≤X<300	X<20
	营业收入（Y）	万元	Y≥40000	2000≤Y<40000	300≤Y<2000	Y<300

小型、微型企业一般采用《小企业会计准则》，大中型企业一般采用《企业会计准则》。依据中等职业学校会计专业学生就业实际，本书依据《小企业会计准则》编写。本教材附录有《小企业会计准则》常用的总分类科目表，以供参考。

本项目主要介绍原材料、固定资产、无形资产，介绍其他货币资金、应付票据、预付账款、应付账款等业务的核算。

任务一 原材料业务的核算

企业为了开展生产活动，需采购各种物资，任务一主要讲解原材料的采购。

原材料，是指小企业在生产过程中经过加工改变其形态或性质并构成产品主要实体的各种原料及主要材料、辅助材料、外购半成品（外购件）、修理用备件（备品备件）、包装材料、燃料等。

原材料的日常收发及结存，可以采用实际成本核算，也可以采用计划成本核算。企业取得的原材料，应当按照成本进行计量。外购原材料的成本主要包括购买价款、相关税费、运输费、装卸费、保险费以及在外购原材料过程发生的其他直接费用，但不含按照税法规定可以抵扣的增值税进项税额。

一、实际成本法下的常用账户

（一）"在途物资"账户

"在途物资"账户属于资产类账户，用来核算企业采用实际成本（或进价）进行材料和商品等物资的日常核算、货款已付但尚未入库的在途物资的采购成本。①借方登记购入材料商品等物资的买价和采购费用（实际采购成本）；②贷方登记已验收入库材料、商品等物资应结转的实际采购成本；③期末为借方余额，表示企业期末在途材料、商品等物资的采购成本；④按照供应单位和物资品种进行明细核算。如图2-1所示。

借方	在途物资		贷方
期初余额	×××		
尚未验收入库的物资的实际采购成本	×××	验收入库的在途物资的实际成本	×××
	......	......	
本期借方发生额合计	×××	本期贷方发生额合计	×××
期末在途物资余额	×××		

图2-1 "在途物资"账户结构

（二）"原材料"账户

"原材料"账户属于资产类账户，用来核算企业库存的各种材料的增减变动及其结存的实际成本。①借方登记已验收入库材料的实际成本等；②贷方登记所发出材料的实际成本等；③期末为借方余额，表示结存材料的实际成本等。④按照材料的种类、名称和规格型号进行具体的明细核算。如图2-2所示。

借方	原材料（实际成本）		贷方
期初余额	×××		
入库材料的实际成本	×××	发出材料的实际成本	×××
	······		······
本期借方发生额合计	×××	本期贷方发生额合计	×××
期末库存材料的实际成本	×××		

图 2-2 "原材料"账户结构

（三）"应交税费"账户

"应交税费"账户属于负债类账户，用来核算企业按照税法等规定计算的应缴纳的各种税费，主要包括增值税、消费税、企业所得税、资源税、土地增值税、城市维护建设税、房产税、城镇土地使用税、车船税、教育费附加、地方教育附加等；企业代扣代缴的个人所得税等，也通过"应交税费"账户核算。应交税费借方登记减少，登记缴纳数和可抵减数；贷方登记增加，登记计提数和应交纳的税费。本账户期末贷方余额，反映企业尚未缴纳的税费；期末如为借方余额，反映企业多交或尚未抵扣的税金。"应交税费"账户按照税费项目设置明细账进行明细核算。

"应交税费——应交增值税"账户的"进项税额"专栏核算增值税一般纳税人购进货物、加工修理修配、接受劳务服务、购进固定资产、无形资产或不动产等而支付的或承担的准予从销项税额中抵扣的增值税。

二、按实际成本计价的原材料购进核算

原材料按实际成本计价的核算是指对原材料的收入、发出、结存等日常业务均按其实际成本进行核算。即材料的总分类账和明细分类账的收入、发出和结存均按实际成本计价入账。它适用于企业规模小、材料品种少、采购业务不多的企业。

由于货款支付方式不同，货物运输的方式不同，材料入库时间与付款时间可能一致也可能不一致，在会计处理上也存在不同。

（一）按实际成本计价的现购业务

现购是指在采购时一手交钱、一手交货的采购业务。

1. 采购发票等已到、货款已经支付，同时材料已验收入库：

【例 2-1】2019 年 8 月 10 日，××××铸造有限公司（增值税一般纳税人）采购金属材料一批，增值税专用发票上列示货款 50 000 元，增值税 6 500 元，转账支票支付，材料验收入库。

编制会计分录如下：

借：原材料——金属材料   50 000

     应交税费——应交增值税（进项税额）   6 500

         贷：银行存款   56 500

2. 采购发票等已到、货款已支付，材料需要较长时间的运输：

【例 2-2】2019 年 8 月 12 日，××××铸造有限公司（增值税一般纳税人）采购黏土材料

一批，增值税专用发票上列示货款 60 000 元，增值税 7 800 元，价税款通过电汇支付，材料尚未验收入库。

编制会计分录如下：

借：在途物资——黏土材料   60 000

    应交税费——应交增值税（进项税额）   7 800

    贷：银行存款   67 800

待材料到达，验收入库：

借：原材料——黏土材料   60 000

    贷：在途物资——黏土材料   60 000

（二）按实际成本计价的赊购业务

赊购是指购销双方利用商业信用进行购销交易的一种业务，购买方在购买商品或服务时不付款，先得到商品或接受服务而延期付款的业务。

1.采购发票等已到、货款尚未支付，同时材料已验收入库：

【例 2-3】2019 年 9 月 15 日，××××铸造有限公司（增值税一般纳税人）采购树脂材料一批，增值税专用发票上列示货款 30 000 元，增值税 4 500 元，货款尚未支付，材料验收入库。

编制会计分录如下：

借：原材料——树脂材料   30 000

    应交税费——应交增值税（进项税额）   4 500

    贷：应付账款   34 500

【例 2-4】2019 年 10 月 5 日，××××铸造有限公司（增值税一般纳税人）开出转账支票，通过基本存款账户支付采购树脂材料价税款 34 500 元。

编制会计分录如下：

借：应付账款   34 500

    贷：银行存款   34 500

2.采购发票等已到、货款尚未支付，材料尚在运输途中：

【例 2-5】2019 年 9 月 22 日，××××铸造有限公司（增值税一般纳税人）采购橡胶材料一批，增值税专用发票上显示货款 7 000 元，增值税 910 元，价税款通过签发并承兑商业承兑汇票结算，材料尚未验收入库。

编制会计分录如下：

借：在途物资——橡胶材料   7 000

    应交税费——应交增值税（进项税额）   910

    贷：应付票据   7 910

10 月 1 日，材料到达，验收入库无误，编制会计分录如下：

借：原材料——橡胶材料   7 910

    贷：在途物资——橡胶材料   7 910

10 月 22 日，商业承兑汇票到期，承付票据款。

编制会计分录如下：

借：应付票据   7 910

  贷：银行存款   7 910

3. 材料已验收入库，采购发票等尚未收到，款项尚未支付：

在没有收到发票之前先不做账务处理。如果月末前收到材料，则收到材料与收到发票账单在同一个会计期间（同月），为简化核算，可以待收到材料并收到发票账单时按照"发票账单与材料同时到达"的情形处理。如果月末发票还未到，按材料暂估价值借记"原材料"，贷记"应付账款——暂估应付款"。

【例 2-6】2019 年 9 月 12 日，××××铸造有限公司（增值税一般纳税人）采购丙烯材料一批，材料验收入库，但发票尚未收到，款项尚未支付。9 月末，按暂估价值 35 000 元入账。

编制会计分录如下：

借：原材料——丙烯材料   35 000

  贷：应付账款——暂估应付账款   35 000

10 月初，将上述会计分录红字冲回，编制会计分录如下：

借：原材料——丙烯材料   35 000（红字）

  贷：应付账款——暂估应付账款   35 000（红字）

收到增值税专用发票等单据，并支付货款时，编制会计分录如下：

借：原材料——丙烯材料   40 000

  应交税费——应交增值税（进项税额）   5 200

  贷：银行存款   45 200

三、按计划成本计价的原材料购进核算

原材料按计划成本计价核算是指企业原材料的收入、发出和结存均按预先制定的计划成本计价，总账及明细账按计划成本登记，计划成本与实际成本的差额通过"材料成本差异"账户单独核算。

在计划成本计价法下，企业购进的原材料无论是否入库，均应通过"材料采购"账户核算其实际成本。月末，按照一定的方法将归集的材料成本差异在发出材料与库存材料之间进行分摊，将发出材料的计划成本调整为实际成本，该方法适用于材料品种繁多、收发业务频繁的企业。

【例 2-7】××××铸造有限公司（增值税一般纳税人）购入一批 A 材料。增值税专用发票显示：数量 12 000 千克，单价 10 元，价款 120 000 元，税率 13%，税额 15 600 元，价税合计 135 600 元。计划单价 9 元/千克，入库材料计划成本 108 000 元。

（1）企业根据发票金额付款时，编制会计分录如下：

借：材料采购——A 材料   120 000

  应交税费——应交增值税（进项税额）   15 600

  贷：银行存款   135 600

（2）材料验收入库时，根据收料单，编制会计分录如下：

借：原材料——A 材料   108 000

  贷：材料采购——A 材料   108 000

结转入库材料的超支差异时，会计分录如下：

借：材料成本差异　　　　　　　　　　　　　　　　12 000

　　贷：材料采购——A 材料　　　　　　　　　　　　　　12 000

在实际工作，通常也将上述材料入库和结转成本差异的分录合并如下：

借：原材料——A 材料　　　　　　　　　　　　　　108 000

　　材料成本差异　　　　　　　　　　　　　　　　12 000

　　贷：材料采购——A 材料　　　　　　　　　　　　　　120 000

上述例题是逐批次结转材料成本差异额。为简化日常核算工作，也可以在平时购入材料验收入库时只反映材料的实际采购成本，月末根据入库单等原始凭证编制"收料凭证汇总表"，并据此集中进行材料验收入库、结转材料成本差异。

可见，在材料按计划成本计价核算时常用的账户包括以下几种：

(一)"原材料"账户

"原材料"账户属于资产类账户，用来核算企业库存的各种材料的增减变动及其结存的计划成本。①借方登记已验收入库材料的计划成本；②贷方登记所发出材料的计划成本；③期末为借方余额，表示结存材料的计划成本。④按照材料的种类、名称和规格型号进行具体的明细核算。如图 2-3 所示。

借方	原材料（计划成本）		贷方
期初余额	×××		
入库材料的计划成本	×××	发出材料的计划成本	×××
	……		……
本期借方发生额合计	×××	本期贷方发生额合计	×××
期末库存原材料的计划成本	×××		

图 2-3　"原材料"账户结构

(二)"材料采购"账户

"材料采购"账户属于资产类账户，用于核算企业采购材料按计划成本计价进行材料的日常核算、货款已付但尚未入库的在途物资的采购成本。①借方登记采购材料的实际成本以及材料入库时结转的节约差异；②贷方登记入库材料的计划成本以及材料入库时结转的超支差异；③期末余额在借方，反映企业在途材料的采购成本；④该账户可按供应单位和材料品种进行明细核算。如图 2-4 所示。

借方		材料采购		贷方
期初余额	×××			
购入材料物资的实际采购成本	×××	入库材料物资的计划成本		×××
	……			……
本期借方发生额合计	×××	本期贷方发生额合计		×××
期末已经付款尚未入库的材料的实际成本	×××			

图 2-4 "材料采购"账户结构

（三）"材料成本差异"账户

"材料成本差异"账户属于资产类账户，是"原材料"账户的调整账户，用于核算企业各种材料的实际成本与计划成本的差异。①借方登记实际成本大于计划成本的差异额（超支额）及发出材料应负担的节约差异，以及调整库存材料计划成本时，调整减少的计划成本；②贷方登记实际成本小于计划成本的差异额（节约额）及发出材料应负担的超支差异，以及调整库存材料计划成本时，调整增加的计划成本（节约用红字，超支用蓝字）；③期末为借方余额，表示实际成本大于计划价格成本的差异；期末为贷方余额，表示实际成本小于计划价格成本的差异；④明细核算可按材料类别进行，也可按全部材料合并进行。如图 2-5 所示。

借方		材料成本差异		贷方
期初的超支差异	×××	期初节约差异		×××
入库材料物资的超支差异（实际成本大于计划成本）		入库材料的节约差异（实际成本小于计划成本）		
	×××			×××
发出材料结转的节约差异（实际成本小于计划成本）		发出材料结转的超支差异（实际成本大于计划成本）		
	×××			×××
	……			……
本期借方发生额合计	×××	本期贷方发生额合计		×××
期末库存原材料的超支差异	×××	期末库存原材料的节约差异		×××

图 2-5 "材料成本差异"账户结构

四、按实际成本计价的原材料发出核算

工业企业在生产经营过程中领发材料非常频繁，所以，平时不直接根据领发材料凭证填制记账凭证，而是在月末根据当月的领发材料凭证，按领料部门和用途进行归类汇总，编制"发料凭证汇总表"，据以填制记账凭证并登记入账。

在实际成本计价法下，发出材料的成本可以按先进先出法、加权平均法或个别计价法计算，计价方法一经确定，不得随意变更。

（一）先进先出法

先进先出法是以"先购进的存货先发出"这样一种存货实物流转假设为前提，对发出存货进行计价的一种方法。其具体做法是：收入存货时，逐笔核算收入存货的数量、单位成本和金额；发出存货时，按照先购进的存货先发出的原则逐笔核算存货的发出成本和结存金额。

【例2-8】××××铸造有限公司（增值税一般纳税人）2019年10月底结存紫铜材料40千克，每千克实际成本100元；11月11日和22日分别购入紫铜40千克和20千克，每千克实际成本分别为90元和110元；11月12日和25日分别发出50千克和35千克，用于产品生产。按先进先出法计价核算，计算发出和结存紫铜的实际成本。

2019年11月12日发出紫铜，编制会计分录如下：

借：生产成本　　　　　　　　　　　　　　　　　　　　　　　4 900
　　贷：原材料——紫铜　　　　　　　　　　　　　　　　　　　　4 900

2019年11月25日发出紫铜，编制会计分录如下：

借：生产成本　　　　　　　　　　　　　　　　　　　　　　　3 250
　　贷：原材料——紫铜　　　　　　　　　　　　　　　　　　　　3 250

先进先出法的优点是可以随时结转存货的发出成本，核算及时，有利于加强存货的日常管理且期末存货成本接近先行市场价格，能比较准确地反映资金占用情况；其缺点是如果收发业务频繁且存货单价不稳定时，其核算工作量较大，这种方法适用于物价比较稳定、收发业务不太频繁的存货成本的确定。

（二）月末一次加权平均法

月末一次加权平均法是指月末集中计算存货的加权平均单位成本，并据此计算本月发出存货成本和期末结存存货成本的一种方法。其计算公式为：

$$存货加权平均单位成本 = \frac{月初库存存货实际成本＋本月收入存货实际成本}{月初库存存货数量＋本月收入存货数量}$$

本月发出存货的成本＝本月发出存货的数量×加权平均单位成本

月末库存存货的成本＝月末库存存货的数量×加权平均单位成本

【例2-9】续【例2-8】，采用加权平均法计算发出和结存的紫铜材料的实际成本。

$$材料加权平均单位成本 = \frac{40×100＋（40×90＋20×110）}{40＋（40＋20）} = 98（元/千克）$$

本月发出材料的成本＝（50＋35）×98＝8 330（元）

月末库存材料的成本＝（40＋60-85）×98＝1 470（元）

2019年11月30日，结转发出紫铜的成本，编制会计分录如下：

借：生产成本　　　　　　　　　　　　　　　　　　　　　　　8 330
　　贷：原材料——紫铜　　　　　　　　　　　　　　　　　　　　8 330

如果计算出来的加权平均单位成本除不尽，需要四舍五入，此时一般先计算期末存货成本，然后，采用倒挤法计算本期发出存货的成本。即：

月末库存存货的成本＝月末库存存货的数量×加权平均单位成本

本月发出存货的成本＝月初结存存货成本＋本月入库存货成本－月末结存存货成本

采用加权平均法，其优点是只在月末计算一次加权平均成本，能简化日常核算工作，而且发出存货成本受价格因素影响较小；缺点是平时无法从账簿上充分反映发出存货和结存存货的单位成本和金额，因而，不利于加强对存货的日常管理。这种方法一般适用于收发业务频繁而且前后各期存货单位成本相差幅度较大的存货。

【更上层楼】

针对月末一次加权平均法只在月末计算一次加权平均成本，平时无法反映发出存货和结存存货的单位成本和金额的缺点，可以将本次入库前结存存货的实际成本加上本次收入存货的实际成本，除以本次存货入库前结存存货数量加上本次收入存货的实际数量，能够及时计算存货平均单位成本，进而随时计算发出和结存的存货的成本。这种方法就是移动加权平均法。

（三）个别计价法

个别计价法，也称为个别认定法、具体辨认法、分批实际法，是以每批存货的实际单位成本作为该批存货发出的单价来计算发出存货成本的一种方法。

采用这种方法，需要对各批存货加以确认，然后按其各自购入的成本来计算发出存货成本和期末存货成本。其计算公式为：

每批发出存货的成本＝该批存货发出的数量×该批存货取得时的实际单位成本

【例2-10】续【例2-8】，采用个别认定法计算发出和结存的紫铜材料的实际成本。经过具体辨认，本期发出材料的单位成本如下：12日发出的50千克紫铜中有30千克为期初存货，单位成本100元，20千克11日购进的存货，单位成本为90元；25日发出的35千克紫铜中，有10千克为期初存货，单位成本为100元，有15千克为12日购进的存货，单位成本为90元，有10千克为22日购进的存货，单位成本为110元。

则：

本月发出材料的成本＝（30×100＋20×90）＋（10×100＋15×90＋10×110）

＝8 250（元）

月末库存材料的成本＝5×90＋10×110＝1 550（元）

2019年11月12日发出紫铜，编制会计分录如下：

借：生产成本 4 800

　　贷：原材料——紫铜 4 800

2019年11月25日发出紫铜，编制会计分录如下：

借：生产成本 3 450

　　贷：原材料——紫铜 3 450

个别计价法的优点是成本计算准确，符合实际情况；其缺点是在存货收发频繁的情况下，发出存货成本的辨认工作量较大，操作困难。因此，这种方法一般使用于不能替代使用的存货或为特定项目专门购入或制造的存货，即数量不多、容易识别所属批次的存货计价，如珠宝等贵重物品。

（四）原材料发出的汇总核算

工业企业在生产经营过程中领发材料业务往往非常频繁，所以，平时不直接根据领发料凭证填制记账凭证，而是在月末根据当月的领发料凭证，按领料部门和用途进行归类汇总，编制"发料凭证汇总表"，据以填制记账凭证并登记入账。

五、按计划成本计价的原材料发出核算

在计划成本法下，原材料发出的总分类核算包括以下两方面内容：

1. 结转发出材料的计划成本。即根据"发料凭证汇总表"中材料的计划成本，按发出材料的用途进行分配。

2. 结转本月发出材料应分摊的成本差异，将本月发出材料的计划成本调整为实际成本。发出材料应分摊的成本差异额是根据材料的计划成本和材料成本差异率计算确定的，分配的去向与材料计划成本的去向应保持一致。

企业日常采用计划成本核算的，发出的材料成本应由计划成本调整为实际成本，通过"材料成本差异"账户进行结转，一般按月计算材料成本差异率，计算发出材料应承担的成本差异额，结转发出材料成本差异额。无论是超支额还是节约额，均按照所发出材料的用途，分别借记"生产成本""制造费用""销售费用""管理费用""其他业务成本"等账户，贷记"材料成本差异"账户，分摊的超支差异记蓝字，节约差异记红字。

$$本期材料成本差异率 = \frac{期初结存材料成本差异＋本月入库材料成本差异}{月初结存材料计划成本＋本月入库材料计划成本} \times 100\%$$

本月发出材料应分摊的成本差异＝本月发出材料计划成本×本期材料成本差异率

发出材料的实际成本＝发出材料的计划成本±发出材料应分摊的成本差异额

【更上层楼】

原材料是存货的重要内容，但不是唯一内容。存货是指企业在日常生产经营过程中持有以备出售的产成品或商品、处在生产过程中的在产品、将在生产过程或提供劳务过程中耗用的材料和物料等。在采用实际成本计价核算时，企业应当采用先进先出法、加权平均法或者个别计价法确定发出存货的实际成本。为简化核算，企业也可以采用计划成本计价核算。

六、原材料盘点清查

企业在进行原材料的日常收发及保管过程中，因种种原因可能会造成原材料实际结存数量与账面结存数量不符。为了确保账实相符，企业应定期或不定期地进行盘点。当发生

原材料盘盈、盘亏及毁损时，应及时查明原因并进行账务处理，以保证账实相符。

（一）清查方法

原材料清查通常采用实地盘点法。在清查时，通过点数、过磅等方法，确定实存数量。有些存货还要通过物理或化学方法来检查其质量是否合格，是否变质等。原材料应当定期盘点，每年至少盘点一次。盘点后，应编制"存货盘点表"。

（二）清查结果核算

如果原材料清查结果账实相符，不需要进行账务处理。原材料的实存数大于账面数，即盘盈。发生原材料盘盈时，应及时办理原材料入账手续，调整账目记录，使账实相符，同时查明具体原因。存货盘盈一般是由于收发计量或核算上的差错造成，《小企业会计准则》规定，存货的盘盈计入营业外收入。发现原材料盘盈，借记"原材料"账户，贷记"待处理财产损溢——待处理流动资产损溢"账户；处理盘盈时，借记"待处理财产损溢待处理流动资产损溢"账户，贷记"营业外收入"账户。

【例 2-11】2019 年 12 月 31 日，××××铸造有限公司（增值税一般纳税人）在原材料清查中，发现铸铁盘盈 150 千克，价值 600 元。经查，属于计量误差造成，经批准转销。

编制如下会计分录：

（1）发现盘盈，根据"存货实存账存对比表"。

借：原材料——铸铁 600
　　贷：待处理财产损溢——待处理流动资产损溢 600

（2）经批准后，做如下会计分录。

借：待处理财产损溢——待处理流动资产损溢 600
　　贷：营业外收入 600

原材料的实存数小于账面数，即盘亏。发生原材料盘亏时，应及时办理原材料手续，调整账目记录，使账实相符，同时查明原因。存货盘亏或毁损，属于过失人责任造成的损失，扣除其残料价值后，记入"其他应收款"账户；应向保险公司收取的赔偿金，记入"其他应收款"账户；净损失，记入"营业外支出"账户。

【例 2-12】××××铸造有限公司（增值税一般纳税人）在原材料清查中，发现黄铜短缺 200 千克，单位成本 3.50 元。经查 100 千克属于保管员卜严的责任，其余属于定额内正常损耗。

编制如下会计分录：

（1）在批准前，根据"存货实存账存对比表"所确定的原材料的盘亏数额，做如下会计分录：

借：待处理财产损溢——待处理流动资产损溢 700
　　贷：原材料——黄铜 700

（2）经批准后，损失列入营业外支出，做如下会计分录：

借：其他应收款——卜严 350
　　营业外支出 350

贷：待处理财产损溢——待处理流动资产损溢　　　　　700

【更上层楼】

　　按照增值税相关规定，非正常损失的购进货物，非正常损失的在产品、产成品所耗用的购进货物，其原来已经抵扣的进项税额不得抵扣，应自非正常损失发生当期将该部分进项税额转出，以冲减当期的进项税额。"非正常损失"，是指企业管理不善造成货物被盗、丢失、霉烂变质，以及违反法律法规造成货物被依法没收、销毁、拆除等情形。

　　如：××××铸造有限公司因仓库火灾，烧毁原材料20000元，增值税2600元。该部分增值税已经进行了抵扣。经查火灾原因是管理不善造成，责任人负责赔偿5000元。

　　（1）在批准前，做会计分录如下：

借：待处理财产损溢——待处理流动资产损溢　　　　22 600
　贷：原材料　　　　　　　　　　　　　　　　　　　　20 000
　　　应交税费——应交增值税（进项税额转出）　　　　　2 600

　　（2）原因查明，批准后，做会计分录如下：

借：其他应收款　　　　　　　　　　　　　　　　　　5 000
　　营业外支出　　　　　　　　　　　　　　　　　　17 600
　　贷：待处理财产损溢——待处理流动资产损溢　　　　22 600

任务二　固定资产业务的核算

一、固定资产的定义

　　固定资产是指为生产商品、提供劳务、出租或经营管理而持有的，使用寿命超过一个会计年度的有形资产。

　　从固定资产的定义看，固定资产具有以下三个特征：

（一）固定资产是企业为生产商品、提供劳务、出租或经营管理而持有

　　企业持有固定资产的目的是生产商品、提供劳务、出租或经营管理，这意味着企业持有的固定资产是企业的劳动工具或手段，而不是直接用于出售的产品。

（二）使用寿命超过一个会计年度

　　固定资产的使用寿命是指企业预计使用固定资产的期间，或者该固定资产所能生产产品或提供劳务的数量等。例如，对于一栋自行建造的用于产品生产的厂房，可以根据它的建筑质量以及厂房被使用的程度等，预先估计出一个比较合理的使用年限，这个预计的使用年限就是该厂房的预计使用寿命。再比如，一台用于产品运输的汽车可以行驶多少吨公

里，一台用于维修服务的设备正常可以使用多少工时等都可以作为预计这类固定资产使用寿命的标准。但不论采用何种方法对固定资产的使用寿命进行预计，其预计期限都应超过一个会计年度。

（三）固定资产是有形资产

固定资产具有实物形态，这一特征将其与无形资产等资产清晰地区别开来。

企业的固定资产主要包括房屋、建筑物、机器、机械、运输工具、设备、器具、工具等。

二、外购固定资产

外购固定资产的成本，主要包括购买价款、相关税费、运杂费、包装费和安装成本等，同时也包括间接发生的，如应承担的借款利息、外币借款折算差额以及应分摊的其他间接费用。但不含按照税法规定可以抵扣的增值税进项税额。

购入的固定资产分为不需要安装的固定资产和需要安装的固定资产两种情况。

（一）不需要安装的固定资产

企业购入不需要安装的固定资产，直接以购入固定资产时实际支付的购买价款、相关税费（按税法规定可抵扣的增值税进项税额，记入"应交税费——应交增值税（进项税额）"账户）、运输费、装卸费、保险费等作为固定资产成本，借记"固定资产""应交税费"等科目，贷记"银行存款"等科目。

【例2-13】××××铸造有限公司（增值税一般纳税人）购入一台不需要安装的生产用设备，取得的增值税专用发票上注明设备价款为20 000元，增值税进项税额为2 600元，设备包装费1 800元（不考虑增值税），款项全部以银行存款付清。该企业为增值税一般纳税人，进项税额可以抵扣销项税额，不纳入固定资产成本核算。

编制会计分录如下：

借：固定资产   21 800

  应交税费——应交增值税（进项税额）   2 600

   贷：银行存款   24 400

（二）需要安装的固定资产

如果购入的固定资产需要安装，从支付价款、固定资产运抵企业，到固定资产正式投入使用，需要经过安装过程，并发生各种安装成本等，应先记入"在建工程"等账户，待设备安装完成后，一并由"在建工程"账户转入"固定资产"账户。

"在建工程"账户核算企业为基建工程、安装工程、技术改造工程、大修理工程等所发生的实际支出和工程成本的结转情况。该账户借方登记企业各项在建的实际支出，包括需要安装设备的价款；贷方登记工程完工交付使用而转出的实际工程成本；期末借方余额反映尚未完工或虽已完工但尚未办理竣工手续的工程累计支出额。该账户应按工程项目设置"建筑工程""安装工程""在安装设备""技术改造工程"等明细账户，并进行明细分类核算。

【例 2-14】××××铸造有限公司（增值税一般纳税人）购入一台需要安装的设备，取得的增值税专用发票上注明的买价为 60 000 元，增值税额为 7 800 元，支付的运输费 1 000 元（不考虑增值税），以银行存款支付。设备安装时，领用的材料物资价值 2 000 元，应支付的人工费为 3 000 元。

支付设备价款时，编制会计分录如下：

借：在建工程 　　　　　　　　　　　　　　　　　　　61 000
　　应交税费——应交增值税（进项税额）　　　　　　　　7 800
　　　贷：银行存款　　　　　　　　　　　　　　　　　　　　　68 800

领用安装材料，支付工资等费用，编制会计分录如下：

借：在建工程 　　　　　　　　　　　　　　　　　　　 5 000
　　　贷：原材料　　　　　　　　　　　　　　　　　　　　　　 2 000
　　　　　应付职工薪酬　　　　　　　　　　　　　　　　　　　 3 000

设备安装完毕交付使用，编制会计分录如下：

借：固定资产 　　　　　　　　　　　　　　　　　　　66 000
　　　贷：在建工程　　　　　　　　　　　　　　　　　　　　　66 000

三、自行建造固定资产

企业可以自行建造固定资产，如企业自行制造生产经营用的机器设备、自行建造房屋等。自行建造固定资产包括自营建造和出包建造两种方式。无论采用何种方式，所建工程都应当按照实际发生的支出确定其工程成本并单独核算。

自营工程是指企业自行组织工程物资采购、自行组织施工人员施工的建筑工程和安装工程。在实际工作中，小企业较少采用自营方式建造固定资产，故以自营方式建造的固定资产在此不做介绍。

出包工程是指企业通过招标等方式将工程项目发包给建造承包商，由建造承包商组织施工的建筑工程和安装工程。企业采用出包方式进行建造的固定资产工程，其工程的具体支出主要由建造承包商核算，发包企业主要设置"在建工程"账户来核算出包工程。

企业出包工程，按照合同规定预付的工程款，借记"预付账款"账户，贷记"银行存款"账户；按照工程进度和合同规定结算的工程款，借记"在建工程"账户，贷记"预付账款""银行存款"等账户；工程完工，按合同规定补付工程款时，借记"在建工程"账户，贷记"银行存款"账户；结算建设期间的资本化的借款费用时，借记"在建工程"账户，贷记"长期借款"或"应付利息"等账户；结转完工工程成本时，借记"固定资产"账户，贷记"在建工程"账户。

【例 2-15】2019 年 5 月 10 日，××××铸造有限公司（增值税一般纳税人）与浪潮建筑公司签订建筑合同，新建一套流水生产线，工程价款 800 000 元。5 月 20 日，公司支付工程款 240 000 元。6 月 30 日，工程完成，支付工程款。7 月 1 日，工程竣工决算完成。

（1）2019 年 5 月 20 日，支付给浪潮公司工程款时，编制会计分录如下：

借：在建工程——流水生产线 　　　　　　　　　　　240 000
　　　贷：银行存款　　　　　　　　　　　　　　　　　　　　240 000

（2）2019 年 6 月 30 日，补付工程款，取得增值税普通发票时，编制会计分录如下：

借：在建工程——流水生产线   560 000

     贷：银行存款   560 000

（3）工程完成，通过竣工决算时，编制会计分录如下：

借：固定资产   800 000

     贷：银行存款   800 000

四、固定资产的后续计量

固定资产的后续计量主要包括固定资产折旧的计提以及固定资产的后续支出的计量。这里我们学习的是固定资产折旧的计提。

（一）固定资产折旧的定义

1. 折旧，是指在固定资产使用寿命内，按照确定的方法对应计折旧额进行系统分摊，也可以理解为固定资产在使用过程中由于损耗而转移到产品或服务等中去的那部分价值。

在实务中，固定资产折旧的计提通常是在固定资产的使用期间内按月进行的，对折旧额进行计算并按固定资产的经济用途计入有关成本或费用。

2. 应计折旧额，是指应当计提折旧的固定资产的原价扣除其预计净残值后的金额。

3. 预计净残值，是指假定固定资产预计使用寿命已满并处于使用寿命终了时的预期状态，企业目前从该项资产处置中获得的扣除预计处置费用后的金额。

4. 固定资产原价。计算固定资产折旧的基数一般为取得固定资产的原始成本，即固定资产初始确认的账面价值。

企业应当根据固定资产的性质和使用情况，合理确定固定资产的使用寿命和预计净残值。固定资产的折旧方法、使用寿命、预计净残值一经确定，不得随意变更。

（二）固定资产计提折旧的范围

1. 空间范围

企业应当对所有固定资产计提折旧，但已提足折旧仍继续使用的固定资产和单独计价作为固定资产入账的土地不得计提折旧。

注意：已达到预定可使用状态，但尚未办理竣工决算的固定资产。

（1）按估计价值定成本；

（2）并计提折旧；

（3）竣工决算后，按实际成本调整原来的估价；

（4）不调整原折旧额。

2. 时间范围

固定资产应按月提取折旧。

当月增加的固定资产，当月不提折旧，从下月起开始计提折旧；

当月减少的固定资产，当月照提折旧，从下月起停止计提折旧。

（三）固定资产折旧方法

企业应当按照年限平均法（即直线法）计提折旧。小企业的固定资产由于技术进步等原因，确需加速折旧的，可以采用双倍余额递减法和年数总和法。不同的固定资产折旧方法，将影响固定资产使用寿命期内不同时期的折旧费用，因此，固定资产的折旧方法一经确定，不得随意变更。

1. 年限平均法

年限平均法又称直线法，它是以固定资产预计使用年限为分摊标准，将固定资产的应计折旧额平均分摊到使用各年的一种折旧方法。采用这种方法计算的每期折旧额均相等。计算公式如下：

年折旧率＝（1－预计净残值率）/预计使用年限×100%

月折旧率＝年折旧率/12

月折旧额＝固定资产原价×月折旧率

【例2-16】××××铸造有限公司（增值税一般纳税人）有一条生产线，原价为400 000元，预计可使用10年，预计报废时的净残值率为4%，求该固定资产的月折旧率和月折旧额。

年折旧率＝（1－4%）/10＝9.6%

月折旧率＝9.6%/12＝0.8%

月折旧额＝400 000×0.8%＝3 200（元）

2. 双倍余额递减法

双倍余额递减法是指在不考虑固定资产预计净残值的情况下，以双倍的直线法折旧率乘以每年年初固定资产账面净值来计算每期折旧额的一种方法。计算公式如下：

年折旧率＝2/预计使用年限×100%

月折旧率＝年折旧率/12

月折旧额＝固定资产净值×月折旧率

由于每年年初固定资产净值没有扣除预计净残值，所以，必须注意不能使固定资产的净值降低到其预计净残值以下，一般在折旧年限到期的前两年内，改为直线法平均摊销。

【例2-17】××××铸造有限公司（增值税一般纳税人）有设备一台，价值为80 000元，预计使用年限为五年，预计净残值为3000元。该设备采用双倍余额递减法计提折旧。

年折旧率＝2÷5×100%＝40%

第一年计提折旧额＝80 000×40%＝32 000（元）

第二年计提折旧额＝（80 000－32 000）×40%＝19 200（元）

第三年计提折旧额＝（80 000－32 000－19 200）×40%＝11 520（元）

第四年计提折旧额＝（80 000－32 000－19 200－11 520－3 000）÷2＝7 140（元）

第五年与第四年一样（直线法均摊）。

3. 年数总和法

年数总和法，又称为年限合计法，是指以固定资产的原价减去预计净残值后的差额作为折旧基数乘以逐年递减的折旧率来计算每期折旧额的一种方法。计算公式如下：

年折旧率＝尚可使用年限/预计使用年限的年数总和×100%

月折旧率＝年折旧率/12

月折旧额＝（固定资产原价－预计净残值）×月折旧率

【例 2-18】××××铸造有限公司（增值税一般纳税人）有设备一台，价值为 800 000 元，预计使用寿命为五年，预计净残值为 20 000 元。该设备采用年数总和法计提折旧，每年折旧额计算如下表 2-9 所示：

表 2-9　每年折旧额计算表

年份	尚可使用年限	原价-净残值	年折旧率	年折旧额	累计折旧
第一年	5	780 000	5/15	260 000	260 000
第二年	4	780 000	4/15	208 000	468 000
第三年	3	780 000	3/15	156 000	624 000
第四年	2	780 000	2/15	104 000	728 000
第五年	1	780 000	1/15	52 000	780 000

双倍余额递减法和年数总和法都属于加速折旧法，其特点是在固定资产使用的早期多提折旧，后期少提折旧，递减的速度逐年加快，从而相对加快折旧的速度，目的是使固定资产成本在估计使用寿命内加快得到补偿。

（四）固定资产折旧的核算

企业应当设置"累计折旧"账户。"累计折旧"账户，属于资产类账户，属于资产类账户"固定资产"账户的备抵调整类账户，贷方余额反映企业现有固定资产的累计折旧，借方登记因减少固定资产而转销的累计折旧。

固定资产的折旧费用，应根据固定资产的受益对象分配计入有关的成本或费用当中。

生产部门使用的固定资产计提的折旧额，应计入制造费用；

企业管理部门使用的固定资产计提的折旧额，计入管理费用；

专设销售机构使用的固定资产计提的折旧额，计入销售费用；

经营性出租的固定资产计提的折旧额，计入其他业务成本；

自行建造固定资产过程中使用的固定资产计提的折旧额，计入在建工程成本等。

【例 2-19】2019 年 8 月，××××铸造有限公司（增值税一般纳税人）的固定资产计提折旧情况如下：生产车间厂房计提折旧 20 000 元，机器设备计提折旧 50 000 元；厂部管理部门计提折旧 9 000 元；销售部门计提折旧 40 000 元。另本月新购置设备一台，原价 800 000 元，预计使用 10 年，预计净残值 10 000 元，按年限平均法计提折旧。

编制会计分录如下：

借：制造费用　　　　　　　　　　　　　　　　　　　　70 000

　　管理费用　　　　　　　　　　　　　　　　　　　　　 9 000

销售费用	40 000	
贷：累计折旧		119 000

五、固定资产的处置

固定资产处置是指企业由于各种原因使固定资产退出生产经营过程，而使固定资产减少的业务，其中包括固定资产出售、转让、报废等。

在固定资产清理过程中发生的费用和收入均通过"固定资产清理"账户核算。本账户核算企业因出售、报废和毁损、对外投资、债务重组等原因转入清理的固定资产以及在清理过程中所发生的清理费用和清理收入等。

1.固定资产转入清理。在固定资产转入清理时，应按固定资产账面价值计入"固定资产清理"账户借方，按已计提的累计折旧，借计"累计折旧"账户，按固定资产账面余额计入"固定资产"账户的贷方。

2.发生清理费用。固定资产清理过程中发生的有关费用及支付的相关税费，借记"固定资产清理"账户，贷记"银行存款""应交税费"等账户。

3.出售收入和残料等的处理。企业收回出售固定资产的价款、残料价值和变价收入等，应冲减清理支出。按实际收到的出售价款及残料变价收入等，借记"银行存款""原材料"等账户，贷记"固定资产清理"账户。

4.保险等赔偿的处理。企业计算或收到的应由保险公司或过失人赔偿的损失，应冲减支出，借记"其他应收款""银行存款"等账户，贷记"固定资产清理"账户。

5.清理净损益的处理。固定资产清理完成后的净损失，属于生产经营期间正常的处理损失，借记"营业外支出——处置非流动资产损失"账户，贷记"固定资产清理"账户；属于生产经营期间由于自然灾害等非正常原因造成的，借记"营业外支出——非常损失"账户，贷记"固定资产清理"账户。固定资产清理完成后的净收益，借记"固定资产清理"账户，贷记"营业外收入"账户。

【例2-20】2019年8月，××××铸造有限公司（增值税一般纳税人）报废设备一台，该设备原价600 000元，已提折旧400 000元，残料变价收入8 000元已收存银行，另以银行存款支付1 000元的清理费用。

（1）将报废设备转入清理，编制会计分录如下：

借：固定资产清理	200 000	
累计折旧	400 000	
贷：固定资产		600 000

（2）取得残料变价收入，编制会计分录如下：

借：银行存款	8 000	
贷：固定资产清理		8 000

（3）支付清理费用，编制会计分录如下：

借：固定资产清理	1 000	
贷：银行存款		1 000

（4）结转报废设备的净损失，编制会计分录如下：

借：营业外支出——处置非流动资产损失   193 000

    贷：固定资产清理   193 000

六、固定资产的清查

小企业应定期或者至少每年年末对固定资产进行清查盘点，以保证固定资产核算的真实性。在固定资产清查过程中发现盘盈、盘亏的固定资产，应当填制固定资产盘盈盘亏报告表，清查固定资产的损益，及时查明原因，按照规定程序报批处理。

（一）固定资产盘盈

小企业盘盈的固定资产按照同类或类似固定资产的市场价格扣除按新旧程度估计的折旧后的余额，借记"固定资产"账户，贷记"待处理财产损溢——待处理固定资产损溢"账户。经审批后，借记"待处理财产损溢——待处理固定资产损溢"账户，贷记"营业外收入"账户。

【例 2-21】2019 年 8 月，××××铸造有限公司（增值税一般纳税人）在财产清查中发现盘盈设备一台，估计其重置价值为 50 000 元。

盘盈固定资产时，编制会计分录如下：

借：固定资产   50 000

    贷：待处理财产损溢——待处理固定资产损溢   50 000

报经审批后，编制会计分录如下：

借：待处理财产损溢——待处理固定资产损溢   50 000

    贷：营业外收入   50 000

（二）固定资产盘亏

小企业在清查中发现盘亏，在未经批准之前，应先登记在"待处理财产损溢——待处理固定资产损溢"账户的借方，按照已计提折旧额借记"累计折旧"账户，按照其原值贷记"固定资产"账户。经过上报批准后，按可收回的保险赔偿或过失人赔偿金额记入"其他应收款"等账户的借方；固定资产盘亏形成的净损失借记"营业外支出"，贷记"待处理财产损溢——待处理固定资产损溢"。

【例 2-25】2019 年 8 月，××××铸造有限公司（增值税一般纳税人）在财产清查中发现丢失设备一台，价值 4 000 元，已计提折旧 2 000 元。经查应由保管员个人赔偿 1 000 元。

盘亏固定资产时，编制会计分录如下：

借：待处理财产损溢——待处理固定资产损溢   2 000

    累计折旧   2 000

    贷：固定资产   4 000

报经批准后，编制会计分录如下：

借：其他应收款   1 000

    营业外支出   1 000

    贷：待处理财产损溢——待处理固定资产损溢   2 000

任务三　无形资产业务的核算

一、无形资产的概述及其特征

（一）无形资产的概念

无形资产是指小企业为生产产品、提供劳务、出租或经营管理而持有的、没有实物形态的可辨认非货币性资产。

（二）无形资产的特征

1. 不具有实物形态。无形资产不是以实物形态存在，而是以某种特有权和技术知识形态存在。这个特征区别于具有实物形态的资产，如存货、固定资产等。
2. 具有可辨认性。可辨认的标准包括：第一，无形资产能够从小企业中分离或者划分出来，并能单独或者与相关合同、资产或负债一起，用于出售、转移、授予许可、租赁或者交换；第二，无形资产的形成源自合同性权利或其他法定权利，无论这些权利是否可以从小企业或其他权利和义务中转移或者分离。
3. 非货币性。无形资产属于货币性资产以外的资产。
4. 长期性。无形资产的使用年限在一年以上。

二、无形资产的分类

按无形资产经济内容可以分为：土地使用权、专利权、商标权、著作权、非专利技术等。

（一）土地使用权

土地使用权是指企业依法获得在一定期限内使用国有土地的权利。我国城市市区的土地为国家所有，在市区的企业只能拥有土地的使用权，而不能拥有所有权。土地使用权是企业重要的无形资产。

（二）专利权

专利权是国家专利行政部门根据发明人或者设计人的申请，经审查认为其发明创造符合法律规定，授予发明人或者设计人于一定期限内拥有专用或专卖其发明创造成果的一种权利。专利权主要分为发明、实用新型和外观设计。作为企业的一项无形资产，专利权的来源主要有两个：一是企业内部自行研制开发的；二是企业向外部的科研机构、大专院校、其他企业或个人等专利权人购买的。

（三）商标权

商标权是指企业拥有的专门在某种特定的商品上使用特定的名称、图案、标记的权利。

（四）著作权

著作权亦称为版权，是国家著作管理部门依法授予著作或者文艺作品的作者在一定期限内发表、再版、演出和出售其作品的特有权利，其中包括文学作品、工艺美术品、影视剧作品、音乐舞蹈作品、商品化软件和音像制品等。

（五）非专利技术

非专利技术是指发明人未申请专利，或不够申请专利的条件但是能给持有人带来经济利益的技术知识和技术方法。如生产管理经验、技术设计和操作上的数据、工艺诀窍等，其具有经济性、保密性、动态性的特征。

三、无形资产取得的账务处理

无形资产按照成本进行初始计量。对于不同来源取得的无形资产，其初始成本的构成也不尽相同。

（一）外购的无形资产

小企业以外购无形资产的实际成本作为入账价值。其成本包括买价、相关税费和其他相关支出（含相关的借款费用）。

小企业外购无形资产，应当按照实际支付的价款，借记"无形资产"，贷记"银行存款"等账户。

"无形资产"账户核算企业持有的无形资产成本，属于资产类账户，借方登记取得无形资产的成本，贷方登记处置无形资产时转出的无形资产账面余额，期末余额在借方，反映持有的无形资产的成本。"无形资产"账户按照无形资产项目设置明细账进行明细核算。

【例 2-26】2019 年 8 月 20 日，××××铸造有限公司（增值税一般纳税人）购入一项非专利技术，支付买价 9 000 元，增值税专用发票列示税额 540 元；发生测试费 1 000 元，增值税专用发票列示税额 60 元。均以银行存款支付。

编制会计分录如下：

借：无形资产——非专利技术   10 000

    应交税费——应交增值税（进项税额）   600

  贷：银行存款   10 600

（二）投资者投入的无形资产

应当按照评估价值和相关税费确定。

【例 2-27】2019 年 8 月 20 日，××××铸造有限公司（增值税一般纳税人）与甲企业协议，甲企业以其商标权投资，协议价格为 800 000 元。甲企业提供增值税普通发票，列示的金额合计为 800 000 元。

编制会计分录如下：

借：无形资产——商标权   800 000

　　　　贷：实收资本　　　　　　　　　　　　　　　　　　　　　　　800 000

　　【例2-28】2019年8月25日，××××铸造有限公司（增值税一般纳税人）接受投资者土地使用权投资，经资产评估机构评估，土地使用权作价600 000元。甲企业提供增值税普通发票，列示的金额合计为600 000元。该投资者投入的资产后在公司注册资本占有400 000元。

　　编制会计分录如下：

　　借：无形资产——土地使用权　　　　　　　　　　　　　　　　600 000
　　　　贷：实收资本　　　　　　　　　　　　　　　　　　　　　　400 000
　　　　　　资本公积　　　　　　　　　　　　　　　　　　　　　　200 000

（三）自创的无形资产

　　自创无形资产的成本，由符合资本化条件后至到达预定用途前发生的支出构成。

　　小企业应当设置"研发支出"账户，通过"资本化支出"和"费用化支出"明细账户进行核算。

　　"研发支出"账户借方登记小企业自行开发无形资产发生的研发支出，贷方结转达到预定用途的研究开发项目已资本化的金额和期末结转本账户归集的费用化金额。该账户期末余额在借方，反映小企业正在进行的无形资产研究开发项目满足资本化条件的支出。

　　小企业在自行研发过程当中发生的支出主要包括满足资本化条件的资本化支出和不满足资本化的费用化支出。

　　研究阶段发生的支出全部费用化，通过"管理费用"计入当期损益。

　　开发阶段主要分为两种情况：符合无形资产确认条件的，所发生的支出应以资本化计入无形资产成本，不符合确认条件的通过管理费用计入当期损益。

　　应当注意的是，如果确实无法可靠区分以上两个阶段的支出，应将其所发生的研发支出全部费用化，通过管理费用计入当期损益。

　　【例2-29】××××铸造有限公司（增值税一般纳税人）自行研究开发一项专利技术，研究开发过程中领用原材料45 000元，发生人工费28 000元，以银行存款支付其他费用56 000元，共计129 000元（其中符合资本化条件的支出为60 000元）。该项技术开发成功并获得了专利，申请专利过程中以银行存款支付注册费5 500元，律师费9 000元。

　　支付研究开发费，编制会计分录如下：

　　借：研发支出——资本化支出　　　　　　　　　　　　　　　　60 000
　　　　　　　　——费用化支出　　　　　　　　　　　　　　　　69 000
　　　　贷：原材料　　　　　　　　　　　　　　　　　　　　　　　45 000
　　　　　　银行存款　　　　　　　　　　　　　　　　　　　　　　56 000
　　　　　　应付职工薪酬　　　　　　　　　　　　　　　　　　　　28 000

　　支付注册费、律师费，编制会计分录如下：

　　借：研发支出——资本化支出　　　　　　　　　　　　　　　　14 500
　　　　贷：银行存款　　　　　　　　　　　　　　　　　　　　　　14 500

　　期末转销费用化支出，编制会计分录如下：

借：管理费用   69 000

    贷：研发支出——费用化支出   69 000

形成无形资产，编制会计分录如下：

借：无形资产——专利权   74 500

    贷：研发支出——资本化支出   74 500

【更上层楼】

    自行开发无形资产发生的支出，需同时满足下列条件的，才能确认为无形资产：

    （1）完成该无形资产以使其能够使用或出售在技术上具有可行性；

    （2）具有完成该无形资产并使用或出售的意图；

    （3）能够证明运用该无形资产生产的产品存在市场或无形资产自身存在市场，无形资产将在内部使用的，应当证明其有用性；

    （4）有足够的技术、财务资源和其他资源支持，以完成该无形资产的开发，并有能力使用或出售该无形资产；

    （5）归属于该无形资产开发阶段的支出能够可靠地进行计量。

四、无形资产的摊销

小企业无形资产应当在使用寿命内采用年限平均法进行摊销。

无形资产的摊销期自其可供使用时开始至停止使用或出售时止。有关法律规定或合同约定了使用年限的，可以按照规定或约定的使用年限分期摊销。

小企业不能可靠估计无形资产使用寿命的，摊销期不得低于10年。

小企业按月计提无形资产摊销，无形资产的摊销额一般应当根据受益对象计入相关资产或计入当期损益。自用的无形资产借记"管理费用"；出租的无形资产借记"其他业务成本"，贷记"累计摊销"账户。如某项无形资产包含的经济利益通过所生产的产品或其他资产实现，其摊销金额应当记入相关资产成本，借记"制造费用"账户，贷记"累计摊销"账户。

"累计摊销"账户用于摊销无形资产，属于资产类账户，贷方登记已计提的累计摊销，借方登记处置时转销的累计摊销额，其余额一般在贷方。"累计摊销"账户按照无形资产项目设置明细账并进行明细核算。

【例2-30】××××铸造有限公司（增值税一般纳税人）定制的业务软件价值600 000元（不含税），摊销10年，企业使用直线法进行摊销，预计无残值。

编制会计分录如下：

入账时，记入"无形资产"账户：

借：无形资产   600 000

    贷：银行存款   600 000

年摊销额＝无形资产原价÷预期使用年限＝600 000÷10＝60 000（元/年）

月摊销额＝年摊销额÷12＝60 000÷12＝5 000（元/月）

计提摊销额时：

借：管理费用　　　　　　　　　　　　　　　　　　　　　　　5 000

　　贷：累计摊销　　　　　　　　　　　　　　　　　　　　　　　5 000

【例2-31】××××铸造有限公司（增值税一般纳税人）将一项非专利技术出租给乙公司，该非专利技术成本为96 000元，双方约定租赁期为五年。

编制会计分录如下：

借：其他业务成本　　　　　　　　　　　　　　　　　　　　　　1 600

　　贷：累计摊销　　　　　　　　　　　　　　　　　　　　　　　1 600

五、无形资产处置的账务处理

无形资产的处置主要是指无形资产出售、出租、捐赠或者是无法为企业带来经济利益时，应当终止并转销。所得到的处置收入扣除其账面价值、相关税费等后的净额，应当计入营业外收入或营业外支出。无形资产的账面价值，是指无形资产的成本扣减累计摊销后的金额。

【例2-32】××××铸造有限公司（增值税一般纳税人）将一项专利技术出售给甲公司，协商价格为120 000元，该项专利技术成本为150 000元，累计摊销额为60 000元，款项已通过银行收取。不考虑其他因素。

编制会计分录如下：

借：银行存款　　　　　　　　　　　　　　　　　　　　　　 120 000

　　累计摊销　　　　　　　　　　　　　　　　　　　　　　　60 000

　　贷：无形资产　　　　　　　　　　　　　　　　　　　　　 150 000

　　　　营业外收入——处置非流动资产利得　　　　　　　　　　 30 000

任务四　其他货币资金的核算

企业在生产经营中频繁使用货币资金。货币资金是企业在生产经营过程中以货币形态存在的资产。货币资金按用途和存放地点不同，可分为库存现金、银行存款和其他货币资金。库存现金是存放在企业的人民币现金和外币现钞；银行存款是存放在银行或其他金融机构的货币资金；其他货币资金是除库存现金和银行存款以外的可以用于支付的货币资金，主要包括银行汇票存款、银行本票存款、外埠存款、银行卡存款、存出投资款、信用证保证金存款等。

一、银行本票存款

银行本票是申请人将款项交存出票银行，由银行签发后交给申请人以办理转账结算或支取现金的票据。银行本票分定额本票和非定额本票，定额本票分别为1 000元、5 000元和50 000元。

银行本票由银行签发，保证兑付，信誉度高，支付功能强，单位和个人在同一票据交换区域（如河南省的郑州市和开封市 2013 年起实行票据业务同城）需要支付的款项，均可使用银行本票。

企业办理银行本票，需要将款项交存银行。银行本票实行全额结算，本票金额与结算金额的差额一般采用支票或其他方式结清。

【例 2-33】××××铸造有限公司（增值税一般纳税人）将 170 000 元存入开户银行，申请银行本票，用于采购包装物。

（1）申请办理银行本票，交存款项时，编制会计分录如下：

借：其他货币资金——银行本票存款　　　　　　　　　170 000

　　贷：银行存款　　　　　　　　　　　　　　　　　　　　170 000

（2）收到销售单位的增值税专用发票等，列示包装物价款 11 000 元，增值税额 1 430 元（企业将包装物作为"周转材料"的二级科目核算），验收无误，以银行本票结算时，编制会计分录如下：

借：周转材料——包装物　　　　　　　　　　　　　　11 000

　　应交税费——应交增值税（进项税额）　　　　　　　1 430

　　　贷：其他货币资金——银行本票存款　　　　　　　　　12 430

二、银行汇票存款

银行汇票是汇款人将款项交存出票银行，由出票银行签发的，约定自己或委托付款人在见票时按照实际结算的金额无条件付款给收款人或持票人的票据。银行汇票的出票银行为银行汇票的付款人，单位与个人的各种款项结算，如商品交易、劳务供应、债权债务等，均可使用该结算方式。这种结算方式具有使用范围广泛、方便灵活、结算迅速、"票随人走"、兑付性强、剩余款项由银行负责退回等特点。

企业办理银行汇票，需要将款项交存银行，并填制银行汇票申请书。

【例 2-34】××××铸造有限公司（增值税一般纳税人）将 170 000 元存入开户银行，申请银行汇票，用于采购设备（不需安装，直接投入使用）。

（1）申请办理银行汇票，交存款项时，编制会计分录如下：

借：其他货币资金——银行汇票存款　　　　　　　　　170 000

　　贷：银行存款　　　　　　　　　　　　　　　　　　　　170 000

（2）收到销售单位的增值税专用发票等，列示设备 130 000 元，增值税额 16 900 元，以银行汇票结算时，编制会计分录如下：

借：固定资产　　　　　　　　　　　　　　　　　　　130 000

　　应交税费——应交增值税（进项税额）　　　　　　　16 900

　　　贷：其他货币资金——银行汇票存款　　　　　　　　　146 900

（3）收到多余款项转回的通知时，编制会计分录如下：

借：银行存款　　　　　　　　　　　　　　　　　　　23 100

　　贷：其他货币资金——银行汇票存款　　　　　　　　　　23 100

三、信用卡存款

信用卡是商业银行向个人和单位发行的，凭以向特约单位购物、消费和向银行提取现金且具有消费信用的特制载体卡片。信用卡按使用对象分为单位卡和个人卡。凡在中国境内开立基本存款账户的单位均可申领单位卡。单位卡账户的资金一律从其基本存款账户转账存入，在使用过程中，需要向其账户续存资金的，也一律从其基本存款账户存入，不得将销售收入的款项存入其账户，且不得支取现金。

【例2-35】××××铸造有限公司（增值税一般纳税人）申领信用卡，自基本存款账户将6 000元存入，供经理出差使用。

（1）申领信用卡，汇出款项时，编制会计分录如下：

借：其他货币资金——信用卡存款　　　　　　　　　　　　　　6 000
　　贷：银行存款　　　　　　　　　　　　　　　　　　　　　　　　　6 000

（2）经理购买办公用品，收到对方的开具增值税普通发票等，列示原材料2 000元，增值税额260元，通过信用卡支付时，编制会计分录如下：

借：管理费用　　　　　　　　　　　　　　　　　　　　　　　2 260
　　贷：其他货币资金——信用卡存款　　　　　　　　　　　　　　　　2 260

四、外埠存款

外埠存款是指企业到外地进行临时或零星采购时，汇往采购地银行开立采购专户的款项。企业汇出款项时，须填写汇款委托书。汇入银行对汇入的款项，以汇款单位的名义开立采购专户。采购资金存款不计利息，除采购员差旅费可以支取少量现金外，其他支出一律转账。采购专户一般采用半封闭式管理，即只付不收，付完清户。

【例2-36】××××铸造有限公司（增值税一般纳税人）委托开户银行将60 000元汇往采购地开立专户，用于采购材料。

（1）汇出款项开立异地采购专户时，编制会计分录如下：

借：其他货币资金——外埠存款　　　　　　　　　　　　　　60 000
　　贷：银行存款　　　　　　　　　　　　　　　　　　　　　　　　60 000

（2）收到供应单位的开来增值税专用发票等，列示原材料50 500元，增值税额6 565元，通过采购专户支付时，编制会计分录如下：

借：原材料　　　　　　　　　　　　　　　　　　　　　　　50 500
　　应交税费——应交增值税（进项税额）　　　　　　　　　　6 565
　　贷：其他货币资金——外埠存款　　　　　　　　　　　　　　　　57 065

（3）将多余款项退回本地开户银行时，编制会计分录如下：

借：银行存款　　　　　　　　　　　　　　　　　　　　　　2 935
　　贷：其他货币资金——外埠存款　　　　　　　　　　　　　　　　2 935

五、存出投资款

企业为了在未来可预见的时期内获取收益或使资金增值，而向一定对象投放资金的经济行为，即企业的投资。企业投资根据方向可以分为对内投资和对外投资。企业的对外投资主要包括短期投资、长期股权投资和长期债券投资等。

短期投资是指企业购入的能够随时变现并且持有时间不准备超过一年（含一年）的投资，包括各种股票、债券、基金等。长期股权投资是指企业准备长期持有的投资。长期债券投资是指企业购入的在一年以上（不含一年）不能变现或不准备随时变现的债券和其他债权投资。

企业通过证券公司对外投资时，需要在第三方（银行）开立证券交易结算资金账户，需要使用"其他货币资金——存出投资款"账户。

【例2-37】××××铸造有限公司（增值税一般纳税人）准备利用闲置资金通过中原证券股份有限公司营业部进行证券投资，通过开户银行将90 000元开立证券专户，开出转账支票。

（1）汇出款项开立证券专户时，根据支票存根等单据编制会计分录如下：

借：其他货币资金——存出投资款　　　　　　　　　　　　90 000

　　贷：银行存款　　　　　　　　　　　　　　　　　　　　　　90 000

（2）××公司利用证券专户从证券二级市场买入甲公司股票20 000股，每股市价3.50元，购入的股票作为短期投资。根据股票交易交割单等有关单据，编制会计分录如下：

借：短期投资——甲公司股票　　　　　　　　　　　　　　70 000

　　贷：其他货币资金——存出投资款　　　　　　　　　　　　70 000

（3）卖出甲公司股票，每股价格4元。收到卖出款时，编制会计分录如下：

借：其他货币资金——存出投资款　　　　　　　　　　　　80 000

　　贷：短期投资——甲公司股票　　　　　　　　　　　　　　80 000

（4）结束投资业务，将证券专户资金转回开户银行时，编制会计分录如下：

借：银行存款　　　　　　　　　　　　　　　　　　　　　100 000

　　贷：其他货币资金——存出投资款　　　　　　　　　　　　100 000

任务五　应付票据业务的核算

如前所述，企业因购买材料、商品和接受劳务等而会开出、承兑商业汇票而暂不付款。商业汇票按承兑人的不同划分为商业承兑汇票和银行承兑汇票。目前我国商业承兑汇票和银行承兑汇票的使用增长显著，电子商业汇票推进了我国商业汇票的电子化进程。商业汇票按是否带息划分为带息票据和不带息票据两种，我国常用的是不带息票据。

为了核算和监督企业商业汇票的签发、承兑和支付情况，应设置"应付票据"账户。该账户贷方登记企业签发、承兑商业汇票的面值和带息票据已计算的应付利息；借方登记企业到期（或结转）票款数额；余额在贷方，表示企业尚未到期的应付票据本息。不带息应付票据，应按票据面值计价入账。

此外，企业应设置"应付票据备查簿"，详细登记每一笔应付票据的种类、号码、签发日期、到期日、票面金额、合同交易号、收款人单位名称、付款日期和金额等详细资料。

应付票据到期结清时，在备查簿中逐笔注销。

企业开出、承兑商业汇票购买货物或购买服务时，应借记"材料采购"账户（计划成本法）、"在途物资"账户（实际成本法）、"原材料"账户、"应交税费——应交增值税（进项税额）"等账户，贷记"应付票据"账户。企业开出、承兑商业汇票抵付应付账款时，借记"应付账款"，贷记"应付票据"账户。如果企业开出承兑的是银行承兑汇票，需按票面金额支付一定的手续费，借记"财务费用"，贷记"银行存款"账户。

应付票据到期，如果正常付款，借记"应付票据"账户，贷记"银行存款"账户；如果企业无力付款，对商业承兑汇票，按照应付票据账面余额，借记"应付票据"账户，贷记"应付账款"账户；对于银行承兑汇票，由于承兑银行要兑付票据账面余额，形成企业的短期借款，企业需按照应付票据账面余额，借记"应付票据"账户，贷记"短期借款"账户。

【例2-38】2019年9月1日，××××铸造有限公司（增值税一般纳税人）自水冶公司采购办公家具，作为周转材料核算，价款计500 000元，增值税额65 000元。公司当日签发并承兑一张面额为565 000元，为期六个月的银行承兑汇票。承兑手续费按面值的0.5‰支付。家具验收入库，企业按照实际成本法核算。

（1）银行承兑该银行承兑汇票，收取手续费时，编制会计分录如下：

借：财务费用——手续费 　　　　　　　　　　282.50
　　贷：银行存款 　　　　　　　　　　　　　　　282.50

（2）收到周转材料，以银行承兑汇票结算时，编制会计分录如下：

借：周转材料 　　　　　　　　　　　　500 000
　　应交税费——应交增值税（进项税额） 　65 000
　　贷：应付票据——水冶公司 　　　　　　　　565 000

（3）2020年3月1日，商业汇票到期，××公司付款时，编制会计分录如下：

借：应付票据——水冶公司 　　　　　　565 000
　　贷：银行存款 　　　　　　　　　　　　　565 000

（4）假如2020年3月1日，商业汇票到期，××公司无力付款，银行付款时，编制会计分录如下：

借：应付票据——水冶公司 　　　　　　565 000
　　贷：短期借款 　　　　　　　　　　　　　565 000

任务六　预付账款业务的核算

预付账款是指企业按照合同规定预付给供应单位的款项，如预付的材料、商品采购货款等。预付账款和应收账款一样，都是企业的短期债权，但是又有一定区别，应收账款与应收票据是企业销售商品、产品或提供劳务等而产生的债权，债务人偿还债务的方式一般为货币资产；而预付账款是企业因购货或接受劳务等而产生的债权，债务人偿还债务的方式一般为非货币性资产，故两者应分别进行核算。

为了反映和监督预付账款的增减变动及其结存情况，企业应当设置"预付账款"账户。"预付账款"账户属于资产类账户，借方核算预付的款项及补付的款项；贷方核算收到所购物资时根据有关发票账单记入"原材料"等账户的金额及收回多付款项的金额；期末余额在借方，反映企业实际预付的款项；如果期末余额在贷方，反映企业应付或应补付的款项。预付账款一般根据客户设置明细账。

企业根据购货合同的规定向供应单位的规定预付款项时，借记"预付账款"账户，贷记"银行存款"账户；企业收到所购物资，按应计入购入物资成本的金额，借记"在途物资""原材料""库存商品"等账户，按相应的增值税进项税额，借记"应交税费——应交增值税（进项税额）"等账户，按应付金额贷记"预付账款"账户；补付货款时，借记"预付账款"账户，贷记"银行存款"账户。

【例2-39】2019年9月5日，××××铸造有限公司（增值税一般纳税人）与甲公司签订采购合同，采购材料价款计80 000元，签订合同当日向甲公司预付30%的款项。

（1）预付款项时，编制会计分录如下：

借：预付账款——甲公司　　　　　　　　　　　　　24 000
　　贷：银行存款　　　　　　　　　　　　　　　　　　24 000

（2）2019年10月10日，××公司收到甲公司发来的材料，对方来增值税普通发票，价税合计90 400元。编制会计分录如下：

借：原材料　　　　　　　　　　　　　　　　　　　90 400
　　贷：预付账款——甲公司　　　　　　　　　　　　　90 400

（3）2018年10月20日，××公司补付材料余款。编制会计分录如下：

借：预付账款——甲公司　　　　　　　　　　　　　66 400
　　贷：银行存款　　　　　　　　　　　　　　　　　　66 400

预付账款不多的企业，为了简化核算，可以不单独设置"预付账款"账户，而将发生的预付账款业务通过"应付账款"账户核算，但在期末编制财务报表时，仍应将"应付账款"和"预付账款"分开列示。

任务七　应付账款业务的核算

如前所述，企业因购买材料、商品和接受劳务等日常生产经营活动应支付的款项构成应付账款，它是由于买卖双方在购销活动中取得材料、商品或接受劳务与支付货款在时间上不一致而产生的负债。

应付账款一般按发票等记载的应付金额入账。为了核算企业应付账款的发生及偿还情况，应设置"应付账款"账户。"应付账款"账户属于负债类账户，主要用来核算企业因采购材料、商品和接受劳务而与供应单位发生的结算债务的增减变动及其余额。①贷方登记企业因购入材料、商品和接受劳务等尚未支付的款项；②借方登记偿还的应付账款；③期末余额一般在贷方，表示企业期末尚未支付的应付账款余额；如果是借方余额，则表示企业期末预付账款的余额。④按照供应单位进行明细核算。

企业购入材料、商品等，但货款尚未支付，根据有关凭证，借记"材料采购"账户（计划成本法）、"在途物资"账户（实际成本法）、"原材料"账户、"应交税费——应交增值税（进项税额）"等账户，按应付的款项，贷记"应付账款"账户。

企业接受供应单位提供劳务而发生的应付未付款项，根据供应单位的发票账单，借记"生产成本""制造费用""管理费用""应交税费——应交增值税（进项税额）"等账户，贷记"应付账款"账户。

应付账款如果附有现金折扣的，现金折扣实质上是销售单位的一种理财行为，购买单位应付账款入账金额应按发票上记载的应付总金额（不扣除折扣）记账，享受的现金折扣作为理财收入，冲减财务费用。发生应付账款时，按发票上记载的全部应付金额，借记有关账户，贷记"应付账款"账户；支付应付账款时，按全额应付金额借记"应付账款"账户，按实际支付的款项贷记"银行存款"账户，按享受的现金折扣贷记"财务费用"账户。

【例2-40】2019年10月8日，××××铸造有限公司（增值税一般纳税人）从自新公司购入材料一批，增值税专用发票显示白铜锭货款400 000元，增值税52 000元。材料验收入库无误，款项暂未支付。自新公司提供的现金折扣政策为"1/20，n/30"，计算现金折扣时不考虑增值税。

【解析】现金折扣，是指债权人为鼓励债务人在规定的期限内付款而向债务人提供的债务扣除。1/20，n/30的含义：

1/20，20天之内付款可享受1%现金折扣；n/30，21～30天内付款不能享受折扣，另表示信用期为30天，超过30天属于违约。

我国对现金折扣采用总价法：企业销售商品涉及现金折扣的，应当按照扣除现金折扣前的金额确定销售商品收入金额。在实际发生现金折扣时计入财务费用。

（1）收到材料，根据发票账单等，编制会计分录如下：

借：原材料——白铜锭　　　　　　　　　　　　　　400 000
　　应交税费——应交增值税（进项税额）　　　　　　52 000
　　　贷：应付账款　　　　　　　　　　　　　　　　　　452 000

（2）假如××公司在10月28日前付款，可以享受1%的现金折扣，即：400 000×1%＝4 000（元）。编制会计分录如下：

借：应付账款　　　　　　　　　　　　　　　　　　452 000
　　贷：财务费用　　　　　　　　　　　　　　　　　　　4 000
　　　　银行存款　　　　　　　　　　　　　　　　　　448 000

（3）假如××公司在10月28日后付款，不能享受现金折扣，即需要全款支付。编制会计分录如下：

借：应付账款　　　　　　　　　　　　　　　　　　452 000
　　贷：银行存款　　　　　　　　　　　　　　　　　　452 000

有些应付账款由于债权撤销或其他原因，使企业无法支付这笔应付款项，这笔无法支付的款项，直接计入当期损益，借记"应付账款"账户，贷记"营业外收入"账户。

【练习与提高】

一、填空题

1. 在实际成本计价法下，发出材料的成本计算方法主要包括_____、_____和_____。

2. 原材料清查通常采用_____。

3. 固定资产清理过程中发生的费用和收入均通过"_____"账户核算。

4. 无形资产主要包括_____、_____、_____、著作权和_____。

5. 小企业无形资产应当在使用寿命内采用_____进行摊销，摊销时要用"_____"账户。

6. 企业为取得银行本票而按规定存入的款项是_____。

二、单项选择题

1. 原材料按实际成本计价不涉及的会计账户是（　　）。
   A. 材料成本差异　　　　　　　　B. 原材料
   C. 在途物资　　　　　　　　　　D. 以上都不对

2. 原材料按计划成本计价，材料尚未入库时借记（　　）账户。
   A. "在途物资"　　　　　　　　　B. "原材料"
   C. "材料采购"　　　　　　　　　D. "材料成本差异"

3. 下列不应计入原材料成本的是（　　）。
   A. 运输途中的合理损耗　　　　　B. 运杂费
   C. 相关税费　　　　　　　　　　D. 超定额损耗

4. 某工业企业为增值税一般纳税人企业。本月购进 A 材料 1 000 公斤，货款为 30 000 元，增值税为 4 900 元。该批材料在运输途中发生 1%的合理损耗，实际验收入库 990 公斤，在入库后发生挑选整理费用 300 元。该批入库材料的实际总成本为（　　）元。
   A. 30 000　　　　　　　　　　　B. 29 997
   C. 30 300　　　　　　　　　　　D. 35 200

5. 材料已验收入库，发票尚未收到，月末应编制会计分录（　　）。
   A. 借：原材料　　　　　　　　　B. 借：原材料
   　　贷：在途物资　　　　　　　　　贷：应付账款——暂估应付账款
   C. 借：在途物资　　　　　　　　D. 借：原材料
   　　贷：应付账款——暂估应付账款　　贷：应付账款

6. 甲工业企业为增值税一般纳税人企业。本月购进原材料 200 公斤，货款为 6 000 元，增值税为 780 元；发生的保险费为 350 元，入库前的挑选整理费用为 130 元；验收入库时发现数量短缺 10%，经查属于运输途中合理损耗。甲企业该批原材料实际单位成本为每公斤（　　）元。

    A. 32.40   B. 33. 33
    C. 35.28   D. 36. 00

7. 固定资产的加速折旧方法有（　　）。
    A. 年限平均法和双倍余额递减法   B. 年限平均法和工作量法
    C. 双倍余额递减法和年数总和法   D. 年数总和法和工作量法

8. "固定资产清理" 账户贷方登记（　　）。
    A. 转入清理的固定资产净值   B. 转销的固定资产净损失
    C. 发生的清理费   D. 转销的固定资产净收益

9. 企业出售无形资产发生的净损失，应计入（　　）。
    A. 营业外支出   B. 其他业务成本
    C. 销售费用   D. 管理费用

10. 自行研发的无形资产无法区分研究阶段和开发阶段的时候，应将研发支出（　　）。
    A. 全部费用化   B. 全部资本化
    C. 计入开发支出   D. 计入当期损益

11. 企业支付的银行承兑汇票手续费应当记入当期　（　　）。
    A. 管理费用   B. 销售费用
    C. 制造费用   D. 财务费用

12. 企业开出的商业汇票为银行承兑汇票，其无力支付票款时，应将应付票据的票面金额转为（　　）。
    A. "应付账款"   B. "短期借款"
    C. "营业外支出"   D. "其他应付款"

13. 在下列项目中，不通过"应付账款"账户核算的是（　　）。
    A. 购进货物应负担的进项税额   B. 购进货物应付的采购价款
    C. 销售企业代垫的运杂费   D. 应付的借款利息

14. 在下列项目中，属于"其他货币资金"账户核算内容的是（　　）。
    A. 库存的人民币   B. 库存的外币
    C. 外埠存款   D. 银行存款

三、判断题

（　　）1. 如果企业所购的材料已经验收入库，但是没有收到发票账单，直至会计期末，企业也不应做任何账务处理。

（　　）2. 存货的盘盈，经批准一般记为"营业外收入"。

（　　）3. 企业在计提折旧时，当月增加的固定资产当月计提折旧，当月减少的固定资产当月不提折旧。

（　　）4. 根据承兑人的不同，商业汇票主要包括商业承兑汇票和银行承兑汇票。

（　　）5. 预付账款不多的企业，可以不设置"预付账款"账户，通过"应付账款"

账户核算。

（　　）6.企业商业承兑汇票到期无力支付，应转入营业外支出。

（　　）7.应付账款附有现金折扣的，应按照扣除现金折扣前的应付账款总额入账。因在折扣期内付款而获得的现金折扣，应在偿付应付账款时冲减财务费用。

❖ 【项目学习评价】

表 2-43　项目学习评价表

成功之处	
不足之处	
改进措施	

项目三　工业企业销售与收款业务的会计核算

❖ 【项目学习目标、方法、建议学时】

表 3-1　项目学习目标、方法、建议学时

	学习目标	学习方法	建议学时
知识目标	理解营业收入、营业成本、期间费用的概念、内容	通过讨论、小组学习、师生交流等，经过对工业企业销售与收款经济业务的练习，掌握会计分录，从而夯实基础，深化知识理解，为利润的核算打下坚实基础	16
技能目标	1.熟练掌握营业收入、营业成本、期间费用的账户登记、账务处理和相关计算 2.掌握模拟销售与收款业务的会计核算		
情感态度价值观目标	通过学习让学生由浅入深地理解收入、费用的区别和联系，进而培养专业兴趣，更好地学习财务会计		

任务一　营业收入与成本相关的核算

一、主营业务收入与成本基本核算

（一）营业收入的概念与分类

营业收入是从事主营业务或其他业务所取得的收入，如商业企业的商品销售收入，工业企业的产品销售收入、提供工业性劳务的收入。一般来说，企业的业务有主营业务和其他业务之分，相应地，营业收入按业务的主次不同也可以分为主营业务收入和其他业务收入。

（二）主营业务收入

主营业务收入是指企业经常性的、主要的业务所产生的收入，即企业从事主要业务所取得的收入。如工业企业的销售产品、半成品和提供工业性劳务作业的收入；商品流通企业的销售商品收入；旅游服务企业的服务收入、票务收入等。主营业务收入在企业收入中所占的比重较大，它对企业的经济效益有着举足轻重的影响。

（三）营业成本的概念与分类

营业成本是指企业在销售商品、提供劳务等日常活动中为取得收入而销售的商品、提供的劳务等的成本。营业成本应当与所销售商品或者所提供劳务而取得的收入进行配比。按照企业从事日常活动在企业的重要性不同，营业成本又分为主营业务成本和其他业务成本，它们是与主营业务收入和其他业务收入相对应的一组概念。

（四）主营业务成本

主营业务成本是指企业生产和销售与主营业务有关的商品或服务所投入的直接成本，工业企业的主营业务成本主要包括原材料、人工成本（工资等）和固定资产折旧等。

（五）常用账户

1."主营业务收入"账户

"主营业务收入"账户为损益类账户中的收入账户，是用来核算企业销售商品、提供劳务等主营业务所实现的收入。该账户的贷方表示增加，登记企业已实现的主营业务收入，借方表示减少，登记由于销售退回或销售折让而应冲减本期的主营业务收入和期末转入当期损益的主营业务收入；期末，应将本账户的余额转入"本年利润"账户，结转后本账户应无余额。"主营业务收入"账户按照商品或劳务的类别或名称设置明细账进行明细核算。如图 3-1 所示。

借方		主营业务收入	贷方	
发生的销售退回或销售折让	×××	销售商品或提供劳务实现的收入	×××	
将余额转入"本年利润"账户	×××	……		
本期借方发生额合计	×××	本期贷方发生额合计	×××	

图 3-1 "主营业务收入"账户结构

【更上层楼】

通常情况下,小企业应当在发出商品且收到货款或取得收款权利时,确认销售商品收入。

(一)销售商品采用托收承付方式的,在办妥托收手续时确认收入。

(二)销售商品采取预收款方式的,在发出商品时确认收入。

(三)销售商品采用分期收款方式的,在合同约定的收款日期确认收入。

(四)销售商品需要安装和检验的,在购买方接受商品以及安装和检验完毕时确认收入。安装程序比较简单的,可在发出商品时确认收入。

(五)销售商品采用支付手续费方式委托代销的,在收到代销清单时确认收入。

(六)销售商品以旧换新的,销售的商品作为商品销售处理,回收的商品作为购进商品处理。

(七)采取产品分成方式取得的收入,在分得产品之日按照产品的市场价格或评估价值确定销售商品收入金额。

2."主营业务成本"账户

"主营业务成本"账户为损益类账户中的费用类账户,主要用于核算企业因销售商品、提供劳务等日常活动而发生的实际成本。该账户的借方表示增加,贷方表示减少,主营业务成本期末全额转入本年利润,结转后该账户余额为零。"主营业务成本"账户应按照商品或劳务的类别或名称设置明细账,并进行明细核算。如图 3-2 所示。

借方		主营业务成本	贷方	
发生的销售退回	×××	销售商品或提供劳务实现的收入	×××	
……		将余额转入"本年利润"账户	×××	
		……		
本期借方发生额合计	×××	本期贷方发生额合计	×××	

图 3-2 "主营业务成本"账户结构

在结转完工产品成本时,库存商品明细账可以确定每种产成品的总成本和单位成本。在产成品按实际成本进行核算时,对发出和销售的产成品,可以采用先进先出法、加权平均法、个别计价法等方法确定其实际成本。实务中也可以通过编制"产品销售成本计算表"等进行。核算方法一经确定,不得随意变更。

3."应交税费"账户

"应交税费"账户属于负债类账户,用来核算企业按照税法等规定计算的应缴纳的各种税费,主要包括增值税、消费税、企业所得税、资源税、土地增值税、城市维护建设税、房产税、城镇土地使用税、车船税、教育费附加、地方教育附加等，企业代扣代缴的个人所得税等，也通过"应交税费"账户核算。应交税费借方登记减少，登记缴纳数和可抵减数；贷方登记增加，登记计提数和应交纳的税费。本账户期末贷方余额，反映企业尚未缴纳的税费；期末如为借方余额，反映企业多交或尚未抵扣的税金。"应交税费"账户按照税费项目设置明细账进行明细核算。

"应交税费应交增值税"账户的"销项税额"专栏核算增值税一般纳税人销售货物、提供加工修理修配、提供劳务服务、转让固定资产、无形资产或不动产等而收取的或应收取的增值税。

（六）销售商品会计核算举例

××××铸造有限公司（增值税一般纳税人，适用增值税税率13%）发生以下业务：

【例3-1】2019年12月2日，××××铸造有限公司（增值税一般纳税人，适用增值税税率13%）向振华公司销售商品一批，增值税专用发票上注明售价200 000元，增值税26 000元，价税款均收存银行。公司逐批次结转销售成本，该批商品的成本为120 000元。

编制会计分录如下：

借：银行存款	226 000	
贷：主营业务收入		200 000
应交税费——应交增值税（销项税额）		26 000
借：主营业务成本	120 000	
贷：库存商品		120 000

【例3-2】2019年12月3日，××××铸造有限公司（增值税一般纳税人，适用增值税税率13%）向华威公司销售商品一批，增值税专用发票上注明售价100 000元，增值税13000元，价税款均未收到。公司逐批次结转销售成本，该批商品的成本为60 000元。

编制会计分录如下：

借：应收账款	113 000	
贷：主营业务收入		100 000
应交税费——应交增值税（销项税额）		13 000
借：主营业务成本	60 000	
贷：库存商品		60 000

【例3-3】2019年12月5日，安阳××有限公司（增值税一般纳税人，适用增值税税率13%）向兴华公司销售产品，售价40 000元，增值税5 200，××公司用现金代垫运费200元。货款没有收到。公司月末一次性结转销售成本。

12月5日，编制会计分录如下：

借：应收账款	45 400	
贷：主营业务收入		40 000
应交税费——应交增值税（销项税额）		5 200
库存现金		200

【例3-4】2019年12月9日，安阳××有限公司（增值税一般纳税人，适用增值税税

率13%）向甲公司销售一批商品，销售价款为800 000元，商业折扣10%。公司收到甲公司开出的商业承兑汇票一张。公司月末一次性结转销售成本。

【解析】商业折扣，是指企业为促进商品销售而在商品价格上给予的价格扣除。为了加速资金回笼，尽快出售一些残次、陈旧的商品等，也可能降价（打折）销售。企业销售商品涉及商业折扣的，应当按照扣除商业折扣后的金额确定销售商品收入金额。商业折扣购销双方都不做账务处理。

此题收入金额为800 000×（1−10%）=720 000（元）

增值税销项税额为720 000×13%=93 600（元）

编制会计分录如下：

借：应收票据　　　　　　　　　　　　　　　　　　　813 600
　　贷：主营业务收入　　　　　　　　　　　　　　　　　720 000
　　　　应交税费——应交增值税（销项税额）　　　　　　93 600

【例3-5】2019年12月12日，××××铸造有限公司（增值税一般纳税人，适用增值税税率13%）本月2日向振华公司销售的商品因质量问题被全部退回，公司开具红字增值税专用发票，同时退回价税款。

【解析】销售退回，是指企业售出的商品由于质量、品种不符合要求等原因而发生的退货。对于已确认收入的售出商品发生退回的，企业应在发生时冲减当期销售商品收入，同时冲减当期销售商品成本。

编制会计分录如下：

借：主营业务收入　　　　　　　　　　　　　　　　　200 000
　　应交税费——应交增值税（销项税额）　　　　　　　26 000
　　贷：银行存款　　　　　　　　　　　　　　　　　　226 000
借：库存商品　　　　　　　　　　　　　　　　　　　120 000
　　贷：主营业务成本　　　　　　　　　　　　　　　　120 000

【例3-6】2019年12月15日，××××铸造有限公司（增值税一般纳税人，适用增值税税率13%）本月3日向华威公司销售的商品因质量瑕疵给予5%的销售折让。公司开具红字增值税专用发票。价税款尚未结算。

【解析】销售折让，是指企业因售出商品的质量不合格等原因而在售价上给予的减让，已确认收入的售出商品发生销售折让的，通常应当在发生时冲减当期销售商品收入。销售折让与销售成本无关。

发生销售折让时：

折让应冲减的收入=100 000×5%=5 000（元）；

编制会计分录如下：

借：主营业务收入　　　　　　　　　　　　　　　　　5 000
　　应交税费——应交增值税（销项税额）　　　　　　　650
　　贷：应收账款　　　　　　　　　　　　　　　　　　5 650

【例3-7】2019年12月21日，××××铸造有限公司（增值税一般纳税人，适用增值税税率13%）向可可公司销售一批商品，开出的增值税专用发票上注明的销售价款为30

000 元，增值税税额为 3 900 元。货款没有收到。为及早收回货款，公司和可可公司约定的现金折扣条件为：2/10，1/20，n/30。假定计算现金折扣时不考虑增值税额。公司月末一次性结转销售成本。

【解析】现金折扣，是指债权人为鼓励债务人在规定的期限内付款而向债务人提供的债务扣除。2/10，1/20，n/30 含义：

2/10，10 天之内付款可享受 2% 的现金折扣，也就是说付款额等于售价乘以（1～2%）；1/20，11～20 天之内付款可享受 1% 的现金折扣；n/30，21～30 天内付款不能享受折扣，另表示信用期为 30 天，超过 30 天属于违约。

我国对现金折扣采用总价法：企业销售商品涉及现金折扣的，应当按照扣除现金折扣前的金额确定销售商品收入金额。在实际发生现金折扣时计入财务费用。

××公司会计分录如下：

（1）21 日销售时：

借：应收账款   33 900

   贷：主营业务收入   30 000

       应交税费——应交增值税（销项税额）   3 900

（2）如果可可公司在 30 日付清货款，则按销售总价 30 000 元的 2% 享受现金折扣 600元（30 000×2%），实际付款 33 300 元（33 900－600）。

借：银行存款   33 300

   财务费用   600

   贷：应收账款   33 900

（3）如果可可公司在下月 8 日付清货款，则按销售总价 30 000 元的 1% 享受现金折扣 300 元（30 000×1%），实际付款 33 600 元（33 900－300）。

借：银行存款   33 600

   财务费用   300

   贷：应收账款   33 900

（4）如果可可公司在下月 15 日才付清货款，则按全额付款。

借：银行存款   33 900

   贷：应收账款   33 900

【更上层楼】

企业通常在发出商品（提供劳务）且收到货款或取得收款权利时确认收入，并将已销售商品（已提供劳务）的成本作为营业成本结转至当期损益。以上例题均假定符合收入确认条件。如果发出商品或提供劳务时不满足收入确认条件，比如，购货方在资金周转方面存在困难，所购商品不能按协议时间支付货款，则企业不能确认收入，可以将已发出商品的成本转入"发出商品"账户。

二、预收账款

交易中是先收款还是先发货，往往取决于交易双方的信任以及标的物的紧俏程度，即要看交易是处于买方市场还是处于卖方市场,处于卖方市场的交易更有可能先收款后发货,形成预收账款。另外,与不熟悉的客户进行交易或认为客户的信用状况不佳时,为了降低拒付货款的风险,卖方往往要求先款后货的交易方式。采取预收方式销售商品或提供劳务比较安全,可降低坏账的风险,但企业也可能因此失去业务拓展的机会。先款后货通常包括:全款先款后货,部分先款后货。

"预收账款"账户,该账户属于负债类账户,贷方登记企业向购货方预收的款项及购货方补付的款项,借方登记企业向购货方发货或提供劳务后冲销的预收账款以及退回多收的款项;期末余额在贷方表示企业预收的款项,期末余额在借方表示应补收的款项。"预收账款"账户按照对方单位设置明细账进行明细核算。如图 3-3 所示。

借方	预收账款		贷方
		期初余额	×××
销售商品或提供劳务后应冲销的款项	×××	向购货方预收的款项	×××
退还购货方的款项	×××	购货方补付的款项	×××
	......		......
本期借方发生额合计	×××	本期贷方发生额合计	×××
应补收的款项	×××	预收的款项	×××

图 3-3 "预收账款"账户结构

在预收款项不多的企业,可以不设置"预收账款"账户,将预收的款项直接记入"应收账款"的贷方。

> **【更上层楼】**
> 　　预收账款是收款在先,发货或提供劳务在后;而应收账款是发货或提供劳务在先,收款在后。预收账款是负债性质,应收账款是债权类资产性质。

"预收账款"账户账务处理举例如下:

【例 3-8】2019 年 12 月 8 日,××××铸造有限公司(一般纳税人,适用增值税税率 13%)自甲公司预收货款 40 000 元。13 日向甲公司发货,售价 60 000 元,增值税 7 800 元。

编制会计分录如下:

8 日预收货款时:

借:银行存款　　　　　　　　　　　　　　　　　　　　　40 000
　　贷:预收账款　　　　　　　　　　　　　　　　　　　　　　　40 000

13 日发货时:

借:预收账款　　　　　　　　　　　　　　　　　　　　　67 800
　　贷:主营业务收入　　　　　　　　　　　　　　　　　　　　　60 000
　　　　应交税费——应交增值税(销项税额)　　　　　　　　　　　7 800

收回欠款时:

借:银行存款　　　　　　　　　　　　　　　　　　　　　27 800
　　贷:预收账款　　　　　　　　　　　　　　　　　　　　　　　27 800

发货、收款时的两个分录可以合并为一个：

借：银行存款	27 800
预收账款	40 000
贷：主营业务收入	60 000
应交税费——应交增值税（销项税额）	7 800

三、提供劳务的账务处理

企业提供劳务的收入，是指企业从事建筑安装、修理修配、交通运输、仓储租赁、邮电通信、咨询经纪、文化体育、科学研究、技术服务、教育培训、餐饮住宿、中介代理、卫生保健、社区服务、旅游、娱乐、加工以及其他劳务服务活动取得的收入。劳务是无形的商品，是为他人提供服务的行为，主要包括体力劳动和脑力劳动。

企业对外提供劳务发生的支出一般通过"劳务成本"账户进行归集。"劳务成本"账户用于核算企业对外提供劳务所发生的成本，属于成本类账户，借方登记企业发生的各种劳务成本，贷方登记结转的劳务成本；期末余额在借方，反映尚未完成劳务的成本或按完工百分比法确认收入时尚未结转的劳务成本。该账户可按劳务种类设置明细账进行明细核算。

如果对外提供的劳务属于企业的主营业务，所实现的收入应作为主营业务收入处理，结转的相关成本相应作为主营业务成本；如果属于主营业务以外的其他经营活动，所实现的收入应作为其他业务收入处理，结转的相关成本相应作为其他业务成本。

同一会计年度开始并完成的劳务的账务处理与劳务的开始和完成分属不同会计年度的账务处理不同：

（一）同一会计年度开始并完成的劳务的账务处理

同一会计年度内开始并完成的劳务，应当在提供劳务交易完成且收到款项或取得收款权利时，确认提供劳务收入。提供劳务收入的金额为从接受劳务方已收或应收的合同或协议价款。

【例3-9】2019年10月18日，××××铸造有限公司（增值税一般纳税人）接受三友公司的一项设备加工劳务，该加工任务可以一次性完成，合同总收入6 000元（不含税），加工业务适用增值税税率13%。收到对方电汇来的全部款项。公司逐批次结转销售成本，该业务相应的折旧费为2 000元，加工中以银行存款支付2 000元其他费用。加工业务属于企业的主营业务。

编制会计分录如下：

（1）加工交货完成，确认劳务收入时：

借：银行存款	6 780
贷：主营业务收入	6 000
应交税费——应交增值税（销项税额）	780

（2）发生并确认劳务成本时：

借：主营业务成本	4 000
贷：累计折旧	2 000
银行存款	2 000

【例3-10】假定××××铸造有限公司（增值税一般纳税人）2019年10月18日接受的加工劳务需要跨月，到11月才能完成。每月发生折旧费1 000元，加工费1 000元。其他条件不变。

编制会计分录如下：

（1）2019年10月发生并确认劳务成本时：

借：劳务成本　　　　　　　　　　　　　　　　　　　　　2 000

　　贷：累计折旧　　　　　　　　　　　　　　　　　　　　　　1 000

　　　　银行存款　　　　　　　　　　　　　　　　　　　　　　1 000

（2）2019年11月发生并确认劳务成本时：

借：劳务成本　　　　　　　　　　　　　　　　　　　　　2 000

　　贷：累计折旧　　　　　　　　　　　　　　　　　　　　　　1 000

　　　　银行存款　　　　　　　　　　　　　　　　　　　　　　1 000

（3）2019年11月加工交货完成，确认劳务收入时：

借：银行存款　　　　　　　　　　　　　　　　　　　　　6 780

　　贷：主营业务收入　　　　　　　　　　　　　　　　　　　　6 000

　　　　应交税费——应交增值税（销项税额）　　　　　　　　　780

（4）结转劳务成本时：

借：主营业务成本　　　　　　　　　　　　　　　　　　　4 000

　　贷：劳务成本　　　　　　　　　　　　　　　　　　　　　　4 000

（二）劳务的开始和完成分属不同会计年度的账务处理

劳务的开始和完成分属不同会计年度的，应当按照完工进度确认提供劳务收入。年度资产负债表日，按照提供劳务收入总额乘以完工进度扣除以前会计年度累计已确认提供劳务收入后的金额，确认本年度的提供劳务收入；与此同时，按照估计的提供劳务成本总额乘以完工进度扣除以前会计年度累计已确认营业成本后的金额，结转本年度营业成本。即按照完工百分比法确认劳务收入和成本。

$$\text{本年应确认的收入} = \text{劳务总收入} \times \text{本年末劳务的完工程度} - \text{以前年度累计已确认的收入}$$

$$\text{本年应确认的成本} = \text{劳务总成本} \times \text{本年末劳务的完工程度} - \text{以前年度累计已确认的成本}$$

【例3-11】2019年12月8日，××××铸造有限公司（增值税一般纳税人）接受白金公司的一项生产管理软件开发劳务，该加工任务需要两年完成，合同总收入100 000元。2019年12月18日，预收项目价款50 000元，余款于软件开发完成时收取。该项目预计总成本为40 000元，假定均为职工薪酬。生产管理软件开发业务属于企业的主营业务。其他相关资料如表3-2所示。（本题不考虑税收）

表 3-2 生产管理软件开发业务相关资料

时间	收款金额（元）	累计实际发生成本（元）	开发程度
2019 年 12 月 18 日	40 000	—	—
2019 年 12 月 31 日	—	8 000	10%
2020 年 12 月 31 日	—	25 000	60%
2021 年 12 月 18 日	60 000	40 000	100%

由于该业务跨 2019、2020、2021 三个年度，企业需要运用完工百分比法核算。编制会计分录如下：

（1）2019 年 12 月 18 日，预收账款时：

借：银行存款　　　　　　　　　　　　　　　　　　　40 000

　　贷：预收账款　　　　　　　　　　　　　　　　　　　40 000

（2）确认 2019 年劳务成本时：

借：劳务成本　　　　　　　　　　　　　　　　　　　8 000

　　贷：应付职工薪酬　　　　　　　　　　　　　　　　　8 000

（3）2019 年年底，按照完工百分比法确认劳务收入和成本时：

应确认的收入＝100 000×10%－0＝10 000（元）

应确认的成本＝40 000×10%－0＝4 000（元）

借：预收账款　　　　　　　　　　　　　　　　　　　10 000

　　贷：主营业务收入　　　　　　　　　　　　　　　　　10 000

借：主营业务成本　　　　　　　　　　　　　　　　　4 000

　　贷：劳务成本　　　　　　　　　　　　　　　　　　　4 000

（4）确认 2020 年劳务成本时：

借：劳务成本　　　　　　　　　　　　　　　　　　　17 000

　　贷：应付职工薪酬　　　　　　　　　　　　　　　　　17 000

（5）2020 年年底，按照完工百分比法确认劳务收入和成本时：

应确认的收入＝100 000×60%－10 000＝50 000（元）

应确认的成本＝40 000×60%－4 000＝20 000（元）

借：预收账款　　　　　　　　　　　　　　　　　　　50 000

　　贷：主营业务收入　　　　　　　　　　　　　　　　　50 000

借：主营业务成本　　　　　　　　　　　　　　　　　20 000

　　贷：劳务成本　　　　　　　　　　　　　　　　　　　20 000

（6）确认 2021 年劳务成本时：

借：劳务成本　　　　　　　　　　　　　　　　　　　15 000

　　贷：应付职工薪酬　　　　　　　　　　　　　　　　　15 000

（7）2021 年 12 月 18 日，项目完工，按照完工百分比法确认剩余的劳务收入和成本时：

应确认的收入＝100 000×100%－60 000＝40 000（元）

应确认的成本＝40 000×100%－24 000＝16 000（元）

借：预收账款　　　　　　　　　　　　　　　　　　　40 000
　　贷：主营业务收入　　　　　　　　　　　　　　　　　　40 000
借：主营业务成本　　　　　　　　　　　　　　　　　　16 000
　　贷：劳务成本　　　　　　　　　　　　　　　　　　　　16 000

（8）2021 年 12 月 18 日，项目完工收回余款。

借：银行存款　　　　　　　　　　　　　　　　　　　　60 000
　　贷：预收账款　　　　　　　　　　　　　　　　　　　　60 000

四、应收票据

应收票据是指企业在采用商业汇票结算方式时，因销售商品、提供劳务等收到的商业汇票。商业汇票是指收款人或付款人（或承兑申请人）签发，由承兑人承兑，并于到期日向收款人或最后的被背书人支付款项的票据。商业汇票按承兑人不同分为银行承兑汇票和商业承兑汇票。银行承兑汇票由银行承兑，商业承兑汇票由银行以外的付款人承兑。商业汇票的付款期限最长不超过六个月。商业汇票到期后，一律通过银行办理转账结算，银行不支付现金。符合条件的商业汇票的持票人，可以持未到期的商业汇票向银行申请贴现。近年来，我国建成并投入使用了电子商业汇票系统。

"应收票据"账户属于资产类账户，借方登记取得的应收票据的面值；贷方登记到期收回票款或到期前向银行贴现的应收票据或背书转让的应收票据的金额。期末余额在借方，反映企业持有的商业汇票的票面金额。该账户按开出、承兑商业汇票的单位进行明细核算，并设置"应收票据备查簿"，进行有关备查登记。

"应收票据"账户账务处理如下：

（一）应收票据到期

【例 3-12】2020 年 6 月 10 日，甲公司向××××铸造有限公司（增值税一般纳税人）开出的面值为 9 540 元的银行承兑汇票到期，甲公司兑付该汇票。

××××铸造有限公司收款的会计分录如下：

借：银行存款　　　　　　　　　　　　　　　　　　　　9 540
　　贷：应收票据　　　　　　　　　　　　　　　　　　　　9 540

【例 3-13】2020 年 6 月 9 日，安阳××有限公司应收的甲公司开具的面值为 813 600 元的商业承兑汇票到期，甲公司无力兑付该汇票。

安阳××有限公司结转不获兑付的商业汇票的会计分录如下：

借：应收账款　　　　　　　　　　　　　　　　　　　813 600
　　贷：应收票据　　　　　　　　　　　　　　　　　　　813 600

（二）应收票据背书转让

商业汇票转让背书是指商业汇票持票人在票据背面或者粘单上记载有关事项并签章，以转让票据权利的行为。

【例 3-14】2019 年 12 月 10 日，××××铸造有限公司（增值税一般纳税人）向永伟公司购买锻压机一套，价款 900 000 元（不含税），适用增值税税率 13%。机器不需安装，作为固定资产管理。对方开来增值税专用发票，公司将持有的一张面值为 1 017 000 元的银行承兑汇票（签发人××公司）背书转让给永伟公司。

　　××公司的会计分录如下：

借：固定资产　　　　　　　　　　　　　　　　　　　　　900 000

　　应交税费——应交增值税（进项税额）　　　　　　　　117 000

　　贷：应收票据　　　　　　　　　　　　　　　　　　　　　1 017 000

（三）应收票据贴现

　　企业为了筹措资金，可以将持有的未到期的商业汇票向其开户银行申请贴现。所谓票据贴现，是指持票人将未到期的商业汇票背书转让给银行，银行受理后，从票据到期值中扣除按银行贴现率计算确定的贴现息后，将余额付给持票人的业务活动。票据贴现实质上是企业的融资行为。

　　票据贴现的计算公式如下：

贴现净额＝票据到期值－贴现利息

贴现利息＝票据到期值×贴现期×贴现利率

商业汇票按是否带息划分为带息票据和不带息票据。

不带息票据的到期值就是票据面值。

带息票据的到期值＝票据面值＋票据面值×票据期限×票面利率

　　　　　　　　　＝票据面值×（1＋票据到期天数÷360×年利率）

　　　　　　　　　＝票据面值×（1＋票据到期月份数÷12×年利率）

　　【例 3-15】2019 年 12 月 19 日，安阳××有限公司（增值税一般纳税人，适用增值税税率 13%）向安顺公司销售一批商品，销售价款为 70 000 元。公司收到甲公司开出的不带息商业承兑汇票一张，期限 120 天，承付全部款项。公司月末一次性结转销售成本。

　　××公司编制会计分录如下：

借：应收票据　　　　　　　　　　　　　　　　　　　　　79 100

　　贷：主营业务收入　　　　　　　　　　　　　　　　　　　70 000

　　　　应交税费——应交增值税（销项税额）　　　　　　　　9 100

　　××公司因急需资金，于 2020 年 1 月 18 日将上述汇票贴现，且不附追索权，年贴现率 6%。

汇票已持有天数 30 天，贴现天数＝120－30＝90（天）

贴现利息＝79 100×90÷360×6%＝1 186.50（元）

贴现净额＝79 100－1 186.50＝77 913.50（元）

　　××公司编制会计分录：

借：银行存款　　　　　　　　　　　　　　　　　　　　　77 913.50

　　财务费用　　　　　　　　　　　　　　　　　　　　　1 186.50

　　贷：应收票据　　　　　　　　　　　　　　　　　　　　　79 100.00

【更上层楼】

　　【例3-15】是按照票据贴现不附追索权的前提下进行的账务处理，此时商业汇票贴现相当于贴现银行买断了商业汇票，贴现银行不得对贴现人行使追索权。与买断式不同，回购式票据贴现附有追索权，贴现时，借记"银行存款"账户、"财务费用"账户，贷记"短期借款"账户；假定商业汇票到期，承兑人按期付款，借记"短期借款"账户，贷记"应收票据"账户；如果承兑人无力付款，贴现人在银行扣划票据款项时，借记"短期借款"账户，贷记"银行存款"账户；与此同时，借记"应收账款"账户，贷记"应收账款"账户。

五、其他业务收入与成本

（一）其他业务收入

　　如前所述，营业收入包括主营业务收入和其他业务收入。其他业务收入是指除上述各项主营业务收入之外的其他业务取得的收入，即企业从事非主营业务所取得的收入，主要包括工业企业的材料销售、下脚料销售、提供劳务性作业收入、废旧物资销售。其他业务收入在企业收入中所占的比重较小。

（二）其他业务成本

　　其他业务成本是指企业除主营业务活动以外的其他日常经营活动所发生的成本。比如，销售原材料的成本、出租固定资产的折旧、随同商品销售但是单独计价的包装物的成本。

（三）常用账户

　　"其他业务收入"账户为损益类账户中的收入类账户，用于核算企业除主营业务收入以外的其他销售或其他业务的收入，如材料销售、出租固定资产、包装物出租等收入。其贷方表示增加，登记确认实现的其他业务收入，借方表示减少，登记冲减的其他业务收入和期末转入当期损益的其他业务收入；期末，应将本账户的余额转入"本年利润"账户，结转后本账户应无余额。"其他业务收入"账户按照其他业务的种类设置明细账进行明细核算。如图3-4所示。

借方		其他业务收入	贷方
发生的销售退回或销售折让	×××	销售材料或出租固定资产等实现的收入	×××
......			......
将余额转入"本年利润"账户	×××		
本期借方发生额合计	×××	本期贷方发生额合计	×××

图3-4　"其他业务收入"账户结构

　　"其他业务成本"账户为损益类账户中的费用类账户，借方表示增加，贷方表示减少。"其他业务成本"账户核算除主营业务活动以外的其他经营活动所产生的成本，其中包括销售材料的成本、出租固定资产的折旧额、出租无形资产的摊销额、出租包装物的成本或摊销额。该账户借方登记企业结转或发生的其他业务成本;贷方登记期末转入"本年利润"账户的其他业务成本;结转后该账户应无余额。"其他业务成本"账户按照其他业务的种类设置明细账进行明细核算。如图 3-5 所示。

借方	其他业务成本		贷方
销售材料或出租固定资产等的成本	×××	发生的销售退回冲减的成本	×××
		......	
......		将余额转入"本年利润"账户	×××
本期借方发生额合计	×××	本期贷方发生额合计	×××

图 3-5 "其他业务成本"账户结构

(四)账务处理

企业确认的其他业务收入,借记"银行存款""其他应收款"等账户,贷记"其他业务收入"账户。涉及销项税额的,还应贷记"应交税费——应交增值税(销项税额)"账户。

企业发生的其他业务成本,借记"其他业务成本"账户,贷记"原材料""周转材料""累计折旧""累计摊销""银行存款"等账户。

【例 3-16】2019 年 12 月 7 日,××××铸造有限公司(增值税一般纳税人,适用增值税税率 13%)向佳佳公司销售一批积压的材料,增值税专用发票上注明售价 5 000 元,增值税 650 元。货款没有收到。公司逐批次结转销售成本,该批材料实际成本为 3 500 元。

编制会计分录如下:

借:应收账款 5 650
  贷:其他业务收入 5 000
    应交税费——应交增值税(销项税额) 650
借:其他业务成本 3 500
  贷:原材料 3 500

【例 3-17】2019 年 12 月 10 日,××××铸造有限公司(增值税一般纳税人)向甲公司出租锻压机一套,合同期 20 天,租赁费 9000 元(不含税),出租业务适用增值税税率 6%。收到对方银行承兑汇票一张,面值为全部款项。公司逐批次结转销售成本,该业务相应的折旧费为 4000 元,设备运行维护人员的工资为 2000 元。

编制会计分录如下:

借:应收票据 9 540
  贷:其他业务收入 9 000
    应交税费——应交增值税(销项税额) 540
借:其他业务成本 6 000
  贷:累计折旧 4 000
    应付职工薪酬 2 000

六、坏账

坏账是企业无法收回或收回的可能性极小的应收及预付款项。由于发生坏账使企业遭受的损失，称为坏账损失。

小企业应收及预付款项符合下列条件之一的，减除可收回的金额后确认的无法收回的应收及预付款项，作为坏账损失：

1. 债务人依法宣告破产、关闭、解散、被撤销，或者被依法注销、吊销营业执照，其清算财产不足清偿的。

2. 债务人死亡，或者依法被宣告失踪、死亡，其财产或者遗产不足清偿的。

3. 债务人逾期三年以上未清偿，且有确凿证据证明已无力清偿债务的。

4. 与债务人达成债务重组协议或法院批准破产重整计划后，无法追偿的。

5. 因自然灾害、战争等不可抗力导致无法收回的。

6. 国务院财政、税务主管部门规定的其他条件。

应收及预付款项的坏账损失应当于实际发生时计入营业外支出，同时冲减应收及预付款项。如小企业确认应收账款实际发生的坏账损失时，应当按照可回收的金额，借记"银行存款"账户；按其账面余额，贷记"应收账款"账户；按其差额，借记"营业外支出"账户。

坏账核算举例如下：

【例 3-18】××××铸造有限公司（增值税一般纳税人）应向佳佳公司收取的应收账款余额为 5650 元。2020 年 4 月 30 日，佳佳公司经人民法院判决破产，破产债权获得 30% 的赔付。款项已经收存该公司的开户银行。

部分收回欠款、部分确认坏账时：

借：银行存款   1 695

  营业外支出——坏账支出   3 955

   贷：应收账款   5 650

【更上层楼】

确定应收款项减值有两种方法，即直接转销法和备抵法。我国《小企业会计准则》规定的应收款项的减值方法是直接转销法；《企业会计准则》规定的应收款项的减值方法是备抵法。

任务二　期间费用的核算

一、期间费用

（一）概念

期间费用是指企业日常活动中发生的不能计入特定核算对象（产品或劳务）的成本，而应计入发生当期损益的费用。期间费用大部分容易确定其发生的会计期间，须在发生的当期直接计入当期损益，并从当期收入中得到补偿。

期间费用属于企业日常活动中所发生的经济利益的流出，之所以不计入特定成本核算对象，主要是因为期间费用是企业为组织和管理整个经营活动所发生的费用，与可以确定特定成本核算对象的材料消耗、人工费用等没有直接关系，因而，期间费用不计入有关核算对象的成本，而是直接计入当期损益。

（二）内容

按照发生的环节、用途等，期间费用可划分为销售费用、管理费用和财务费用。

（三）销售费用

1. 概念

销售费用是指企业在销售商品和材料、提供劳务的过程中发生的除主营业务成本和其他业务成本以外的各项费用。

2. 内容

企业在销售商品和材料、提供劳务的过程中直接负担的费用：包装费、运输费、装卸费、保险费等；

促销费用：展览费、广告费、租用柜台的租赁费、售后服务费等；

专设的销售机构（含销售网点、售后服务网点）的费用：销售机构的人员工资、设备折旧费、业务费等；

委托代销的手续费；

批发业、零售业企业在购买过程中发生的费用（包括运输费、装修费、包装费、保险费、运输途中的合理损耗、入库前的挑选整理费等）也构成销售费用。

3. 常用账户

"销售费用"账户为损益类账户中的费用类账户，借方登记本期发生的各项销售费用，贷方登记期末转入"本年利润"账户的各项销售费用，所以期末无余额。"销售费用"账户按费用项目进行明细核算，使用多栏式明细账。如图3-6所示。

借方	销售费用		贷方
实际发生的销售费用	×××		……
	……	期末转入"本年利润"账户	×××
本期借方发生额合计	×××	本期贷方发生额合计	×××

图 3-6　"销售费用"账户结构

4. 账务处理

【例 3-19】××××铸造有限公司（增值税一般纳税人）以银行存款 10 万元支付产品广告费，取得增值税普通发票。

编制会计分录如下：

借：销售费用　　　　　　　　　　　　　　　　100 000

　　贷：银行存款　　　　　　　　　　　　　　　　　100 000

【例 3-20】××××铸造有限公司（增值税一般纳税人）销售产品的运费 2 000 元，取得增值税专用发票，列明增值税额为 200 元，款项均以银行存款支付。

编制会计分录如下：

借：销售费用　　　　　　　　　　　　　　　　2 000

　　应交税费——应交增值税（进项税额）　　　200

　　贷：银行存款　　　　　　　　　　　　　　　　　2 200

【例 3-21】××××铸造有限公司（增值税一般纳税人）用现金支付产品展览费 500 元，取得增值税普通发票。

编制会计分录如下：

借：销售费用　　　　　　　　　　　　　　　　500

　　贷：库存现金　　　　　　　　　　　　　　　　　500

【例 3-22】月末××××铸造有限公司（增值税一般纳税人）销售费用 102 500 元转入"本年利润"账户。

编制会计分录如下：

借：本年利润　　　　　　　　　　　　　　　　102 500

　　贷：销售费用　　　　　　　　　　　　　　　　　102 500

（四）管理费用

1. 概念

企业为组织和管理生产经营活动所发生的各项费用。

2. 内容

董事会和行政管理部门在企业的经营管理中发生的以及应由企业统一负担的公司经费（包括行政管理部门职工工资及福利费、物料消耗、低值易耗品摊销、办公费和差旅费等）、行政管理部门负担的工会经费、董事会费、聘请中介机构费、咨询费、诉讼费、业务招待费、技术转让费、研究费用。企业生产车间（部门）、行政管理部门发生的固定资产修理费用等后续支出，也作为管理费用核算。

批发业、零售业企业管理费用不多的，可以不设置"管理费用"账户，将销售费用的内容并入"销售费用"账户。

3. 常用账户

"管理费用"账户为损益类账户中的费用类账户,借方登记本期发生的各项管理费用,贷方登记期末转入"本年利润"账户的各项管理费用,所以期末无余额。"管理费用"账户按费用项目进行明细核算,使用多栏式明细账。如图3-7所示。

借方	管理费用		贷方
实际发生的管理费用	×××		......
......		期末转入"本年利润"账户	×××
本期借方发生额合计	×××	本期贷方发生额合计	×××

图3-7 "管理费用"账户结构

4. 账务处理

【例3-23】××××铸造有限公司(增值税一般纳税人)签发转账支票支付行政办公楼的维修费2万元,取得增值税普通发票。

编制会计分录如下:

借:管理费用   20 000

  贷:银行存款   20 000

【例3-24】××××铸造有限公司(增值税一般纳税人)聘请咨询机构提供咨询应付技术咨询费1 520元,取得增值税普通发票,尚未支付。

编制会计分录如下:

借:管理费用   1 520

  贷:应付账款   1 520

【例3-25】××××铸造有限公司(增值税一般纳税人)采购员出差归来报销差旅费1880元,并交回剩余现金120元。

编制会计分录如下:

借:管理费用   1 880

  库存现金   120

  贷:其他应收款   2 000

【例3-26】××××铸造有限公司(增值税一般纳税人)月末计提本月固定资产折旧费13 000元,其中生产用固定资产折旧费7 000元,管理部门用固定资产折旧费2 000元,经营租出的固定资产折旧费4 000元。

编制会计分录如下:

借:制造费用   7 000

  管理费用   2 000

  其他业务成本   4 000

  贷:累计折旧   13 000

【例3-27】××××铸造有限公司(增值税一般纳税人)月末结转管理费用25 400元。

编制会计分录如下:

借:本年利润   25 400

　　　贷：管理费用　　　　　　　　　　　　　　　　　　　　　　25 400

（五）财务费用

1. 概念

企业为筹集生产经营所需资金等而发生的筹资费用。

2. 内容

利息支出（减利息收入）；汇兑损益；相关的银行手续费：发行债券支付的手续费、银行承兑汇票手续费；现金折扣等。

3. 常用账户

"财务费用"账户为损益类账户中的费用类账户，主要用来核算企业为筹集生产经营所需资金而发生的筹资费用，借方登记本期发生的各项财务费用，贷方登记期末转入"本年利润"账户的各项财务费用，所以期末无余额。"财务费用"账户按费用项目进行明细核算，使用多栏式明细账。

4. 账务处理

【例3-28】××××铸造有限公司（增值税一般纳税人）月末计提本月短期借款的利息2 000元。

编制会计分录如下：

　　借：财务费用　　　　　　　　　　　　　　　　　　　　　　2 000
　　　　贷：应付利息　　　　　　　　　　　　　　　　　　　　　　　2 000

【例3-29】××××铸造有限公司（增值税一般纳税人）接到银行通知，本企业在银行的存款利息1 500元，已转入本公司账户。

编制会计分录如下：

　　借：银行存款　　　　　　　　　　　　　　　　　　　　　　1 500
　　　　贷：财务费用　　　　　　　　　　　　　　　　　　　　　　　1 500

【例3-30】××××铸造有限公司（增值税一般纳税人）接银行通知，已经从企业存款户中扣收结算业务手续费3 079元。

编制会计分录如下：

　　借：财务费用　　　　　　　　　　　　　　　　　　　　　　3 079
　　　　贷：银行存款　　　　　　　　　　　　　　　　　　　　　　　3 079

【例3-31】××××铸造有限公司（增值税一般纳税人）月末结转财务费用3 579元。

编制会计分录如下：

　　借：本年利润　　　　　　　　　　　　　　　　　　　　　　3 579
　　　　贷：财务费用　　　　　　　　　　　　　　　　　　　　　　　3 579

【练习与提高】

一、填空题

1. 营业收入包括_____、_____。

2. 营业成本包括_____、_____。

3. 期间费用包括_____、_____、_____。

4. "管理费用"账户增加在____方，减少在____方。

5. 财务费用主要有_____、_____、_____。

6. 所得税纳税调减项目包括_____等。

7. 支付的广告费用记入"_____"账户。

8. 业务招待费记入"_____"账户。

9. 销售商品计提的城市维护建设税记入"_____"账户。

10. 现金折扣记入"_____"账户。

二、单项选择题

1. 企业应交的下列税金中，不通过"税金及附加"账户核算的是（　　）。

   A. 资源税　　　B. 增值税　　　　C. 消费税　　　　D. 城市维护建设税

2. 专设销售机构人员的工资应计入（　　）。

   A. 管理费用　　　　　　　　　　B. 销售费用

   C. 主营业务成本　　　　　　　　D. 其他业务成本

3. "所得税费用"账户属于（　　）。

   A. 资产类　　　　　　　　　　　B. 负债类

   C. 所有者权益类　　　　　　　　D. 损益类

4. 企业为扩大销售市场发生的广告费，应当记入"（　　）"账户。

   A. 财务费用　　　　　　　　　　B. 管理费用

   C. 销售费用　　　　　　　　　　D. 制造费用

5. 下列（　　）不属于企业主营业务收入。

   A. 商业企业销售商品实现的收入

   B. 咨询公司提供咨询服务实现的收入

   C. 安装公司提供安装服务实现的收入

   D. 出售固定资产收取的价款

三、判断题

（　　）1. 销售折扣包括商业折扣和现金折扣。

（　　）2. 教育费附加是以增值税、消费税、资源税三税税额为计税依据。

（　　　）3.企业按月预提短期借款利息时应贷记"应付利息"账户。

（　　　）4.费用会导致企业所有者权益的减少。

（　　　）5.收入表现为企业资产的增加或负债的减少，或者两者兼而有之。

（　　　）6.确定应收款项减值有两种方法，即直接转销法和备抵法。我国《小企业会计准则》规定的应收款项的减值方法是直接转销法。

四、名词解释题

1.营业收入

2.营业成本

3.主营业务成本

4.期间费用

5.所得税费用

五、实训题

写出以下业务分录。

1.××××铸造企业向乙企业销售一批产品，价款总额为 500 000 元，由于是批量销售，甲企业给予乙企业 5%的商业折扣，增值税率为 13%，款项尚未收到。

2.职工王伟出差，经领导批准，自出纳处预借差旅费 1 000 元。

3.企业销售原材料毛竹一批，价款 20 000 元，增值税率 13%，材料成本 15 000 元，收到三个月的商业承兑汇票一张。

4.本月固定资产计提折旧：基本生产车间 20 000 元，行政管理部门 10 000 元。

5.企业开出转账支票支付本月业务招待费 20 000 元。

6.企业支付银行结算手续费 2 000 元。

7.职工王伟出差返回报销差旅费 800 元，交回余额款 200 元。

8.企业以银行存款支付法律咨询费 2 000 元。

9.企业开出转账支票支付产品宣传费 3 000 元。

10.企业收到存款收息收入 5 000 元。

11.月末计提短期借款利息 1 000 元，尚未支付。

六、综合题

1.计算所得税及相关账务处理如下：

××××铸造有限公司 12 月份的利润总额为 110 000 元，国库券投资收益 20 000 元，罚款支出 10 000 元。所得税税率为 25%。要求：

（1）计算当期应纳税所得额及应交所得税，并写出相应会计分录。

（2）写出以银行存款上交本期所得税的会计分录。

（3）假若当期所得税费用与应交所得税一致，写出月末结转所得税费用的会计分录。

（4）计算当期净利润。

2.××××铸造有限公司为一般纳税人，增值税率 13%，现金折扣的条件是"2/10，

1/20，n/30"，假定计算现金折扣时不考虑增值税。

（1）2019 年 12 月 1 日，赊销商品 300 件，单件售价 200 元，单件成本 140 元。写出销售该产品的会计分录，并结转成本。

（2）12 月 6 日，因质量问题，购买方要求退货 100 件，××××公司同意，开具了增值税专用发票（红字），并收到所退商品，写出相关会计分录。

（3）如果购买方在 12 月 9 日支付货款，写出××××公司收到货款的会计分录。

（4）如果购买方在 12 月 28 日支付货款，写出××××公司收到货款的会计分录。

3.××××铸造有限公司为一般纳税人，增值税率 13%，2020 年 1 月 1 日销售一批产品给益佳公司，增值税专用发票注明价款 40 000 元。当日收到益佳公司签发的一张不带息商业承兑汇票，期限三个月。

（1）写出××公司销售的会计分录：

（2）该商业承兑汇票的到期日是哪一天？

（3）××公司因急需资金，于 2020 年 2 月 1 日将上述汇票贴现，且不附追索权，年贴现率 7.2%。

贴现月份数＝

贴现利息＝

贴现净额＝

××公司编制的会计分录：

【更上层楼】

商业汇票的期限可以按月表示，也可以按日表示。按月表示时，到期日按月对日确定；月末出票的，为到期月的最后一天。如 2019 年 12 月 21 日出票的为期六个月的商业汇票，到期日应该是 2020 年 6 月 21 日；2020 年 2 月 29 日出票的为期六个月的商业汇票，到期日应该是 2020 年 8 月 31 日。

按日表示时，从出票日其实际天数计算，头尾只算一天（即算头不算尾，或算尾不算头）。如 2019 年 12 月 21 日出票的为期 30 天的商业汇票，到期日应该是 2020 年 1 月 20 日。类似地，2020 年 2 月 29 日出票的为期 180 天的商业汇票，到期日应该是哪一天？

（4）续上题，如果商业承兑汇票到期，益佳公司无力承兑汇票，贴现银行有权向××公司追索吗？××公司需要进行账务处理吗？

❖ 【项目学习评价】

表 3-39 项目学习评价

成功之处	
不足之处	
改进措施	

项目四　企业其他会计事项的核算

❖ 【项目学习目标、方法、建议学时】

表 4-1　项目学习目标、方法、建议学时

	学习目标	学习方法	建议学时
知识目标	理解摊销、计提、营业外收入、营业外支出、所得税费用、利润分配的概念、内容	通过讨论、小组学习、师生交流等，深刻理解摊销、计提、营业外收入、营业外支出、所得税费用、利润分配的概念等内容，并为后续的财务会计报告学习打下坚实基础	12
技能目标	1. 掌握摊销、计提、营业外收入、营业外支出、所得税费用、利润分配涉及的相关计算和账务处理 2. 掌握模拟业务的会计核算		
情感态度价值观目标	通过学习让学生掌握会计期末工作，使学生体验循序渐进的学习过程，培养学生的细心、耐心、恒心		

任务一　摊销业务的核算

一、摊销的概念

我们前面学习过固定资产计提折旧，与此类似会计事项还有摊销。摊销是指基于权责发生制等，对除固定资产之外其他可以长期使用的经营性资产及非经营性资产按其使用寿命分摊其成本等的会计处理办法。常见的摊销资产有专利权、土地使用权等无形资产和周转材料等。

二、摊销常见的核算内容

1. 无形资产的摊销。
2. 周转材料的摊销。
3. 长期待摊费用的摊销。

三、无形资产摊销的账务处理

（一）概念

无形资产是指企业为生产产品、提供劳务、出租或经营管理而持有的、没有实物形态的可辨认的非货币性资产。无形资产的主要特征为不具有实物形态、具有可辨认性、属于非货币性资产等，其内容主要包括专利权、非专利技术、商标权、著作权和土地使用权等。

无形资产摊销是将无形资产应摊销金额在其预期使用寿命内系统合理地摊销。

（二）核算账户

"无形资产"账户核算企业持有的无形资产成本，属于资产类账户，借方登记取得无形资产的成本，贷方登记处置无形资产时转出的无形资产账面余额，期末余额在借方，反映持有的无形资产的成本。"无形资产"账户按照无形资产项目设置明细账进行明细核算。

"累计摊销"账户用于摊销无形资产，属于资产类账户，贷方登记已计提的累计摊销，借方登记处置时转销的累计摊销额，其余额一般在贷方。"累计摊销"账户按照无形资产项目设置明细账进行明细核算。类似固定资产的"累计折旧"账户，作为无形资产的减项，"累计摊销"账户是"无形资产"账户的调整账户，登记方向与"无形资产"账户登记方向相反。如图 4-1 所示。

借方	累计摊销		贷方
	期初余额		×××
无形资产转销而冲减的摊销额	×××	计提的累计摊销	×××
	……		……
本期借方发生额合计	×××	本期贷方发生额合计	×××
		期末累计摊销余额	×××

图 4-1 "累计摊销"账户结构

（三）摊销期限、方法

无形资产采用年限平均法（直线法）进行摊销。无形资产的摊销额一般应当根据受益对象计入相关资产或计入当期损益。

无形资产摊销应当自可供使用当月起开始摊销，停止使用或出售时停止摊销，即当月增加的无形资产，当月开始摊销；当月减少的无形资产，当月不再摊销。有关法律规定或合同约定了使用年限的，可以按照规定或约定的使用年限分期摊销。小企业不能可靠地估计无形资产使用寿命的，摊销期不得低于 10 年。

（四）账务处理

企业购入无形资产时，按应计入无形资产成本的金额借记"无形资产"账户，贷记"银行存款"等账户。

【例 4-1】××××铸造有限公司（增值税一般纳税人）一项专利权成本为 60 000 元，合同规定受益年限为 10 年，每月应摊销 500 元。

月末编制会计分录如下：

借：管理费用　　　　　　　　　　　　　　　　　　　500
　　贷：累计摊销　　　　　　　　　　　　　　　　　　　500

【例 4-2】××××铸造有限公司（增值税一般纳税人）把一项专利权对外出租，每月租金 4 000 元。该专利权每月摊销额是 3 000 元。

编制会计分录如下：

收取租金时：

借：银行存款　　　　　　　　　　　　　　　　　　　4 000
　　贷：其他业务收入　　　　　　　　　　　　　　　　　4 000

每月摊销时：

借：其他业务成本　　　　　　　　　　　　　　　　　3 000
　　贷：累计摊销　　　　　　　　　　　　　　　　　　　3 000

四、周转材料摊销的账务处理

周转材料是指企业能够多次使用、逐渐转移其价值但仍保持原有形态且不确认为固定资产的材料。周转材料主要包括包装物和低值易耗品等。包装物是指为了包装本企业商品而储备的各种包装容器，如桶、箱、瓶、坛、袋等；低值易耗品是指单位价值较低，使用期限较短，不能作为固定资产的各种用具、设备，如工具、管理用具、玻璃器皿以及在经营过程中周转使用的包装容器等。

与固定资产类似，周转材料在多次使用的过程中也应考虑摊销的问题。按照《小企业会计准则》，周转材料如包装物和低值易耗品应当采用一次转销法进行摊销，并计入相关资产的成本或者当前损益；对于建造承包商的钢模板、木模板、脚手架等其他周转材料，可以采用一次转销法或者分次摊销法进行摊销。

（一）一次转销法

一次转销法是指在领用周转材料时，将其全部价值一次性全部计入成本、费用的方法。在领用时，借记"生产成本""制造费用""管理费用"等账户，贷记"周转材料"账户。报废时，将报废的周转材料的残料价值作为当月周转材料摊销额的减少，冲减有关成本费用，借记"原材料"等账户，贷记"生产成本""制造费用""管理费用"等账户。

【例4-3】××××铸造有限公司（增值税一般纳税人）行政管理部门本月领用包装物1 000元。由于价值较低，按企业规定，采用一次转销法。

编制会计分录如下：

借：管理费用　　　　　　　　　　　　　　　　　　　1 000
　　贷：周转材料——包装物　　　　　　　　　　　　　　　1 000

（二）分次摊销法

分次摊销法是根据周转材料的预计使用次数分次摊入成本、费用。这种方法一般适用于使用期限长或使用次数较多的周转材料，如脚手架、钢模板等。

【例4-4】××××铸造有限公司（增值税一般纳税人）生产车间领用脚手架一批，价值9 000元，预计使用三次。企业将脚手架作为低值易耗品管理。

编制会计分录如下：

①领用时：

借：周转材料——低值易耗品（在用）　　　　　　　　9 000
　　贷：周转材料——低值易耗品（在库）　　　　　　　　　9 000

第一次摊销的会计分录：

借：制造费用　　　　　　　　　　　　　　　　　　　3 000
　　贷：周转材料——低值易耗品（摊销）　　　　　　　　　3 000

②第二次领用时：

借：制造费用　　　　　　　　　　　　　　　　　　　3 000
　　贷：周转材料——低值易耗品（摊销）　　　　　　　　　3 000

③第三次领用时：

借：制造费用　　　　　　　　　　　　　　　　　　　3 000
　　贷：周转材料——低值易耗品（摊销）　　　　　　　　　3 000

④报废，残料计价500元。

编制会计分录如下：

借：原材料　　　　　　　　　　　　　　　　　　　　　　　500

　　贷：制造费用　　　　　　　　　　　　　　　　　　　　　500

同时：

借：周转材料——低值易耗品（摊销）　　　　　　　　　　9 000

　　贷：周转材料——低值易耗品（在用）　　　　　　　　　9 000

任务二　计提业务的核算

一、计提的概念

计提就是计算和提取，在会计中是指基于权责发生制等，按规定的比率与规定的基数相乘计算、提取，列入某些账户的会计事项。

二、计提常见的核算内容

1.借款利息的计提业务（见项目一）。

2.折旧的计提业务（见项目三）。

3.职工薪酬相关的计提业务。

4.税金及附加的计提业务。

5.所得税费用的计提业务（见本项目任务四）。

三、职工薪酬业务的账务处理

（一）职工薪酬的含义与内容

应付职工薪酬是指企业为获得职工提供的服务而应付给职工的各种形式的报酬以及相关支出。职工薪酬包括以下内容：

1.职工工资、奖金、津贴、补贴。

2.职工福利费。

我国法规没有规定职工福利费的计提基础和计提比例。企业所得税法规定，企业发生的职工福利费支出不超过工资薪金总额的14%的部分，准予在计算所得税应纳税所得额时扣除。故企业可以依据工资总额作为计提基础，并根据历史经验和企业实际情况自行确定适当的计提比例，预提职工福利费。如果当期职工福利费实际发生额大于预提金额，应当补提"应付职工薪酬——职工福利费"；如果当期职工福利费实际发生额小于预提金额，应当冲回多提的"应付职工薪酬——职工福利费"。企业也可以不预提职工福利费，而按照实际发生的职工福利费，计入相关成本费用。

3.医疗保险费、养老保险费、失业保险费、工伤保险费和生育保险费等社会保险费。

随着社会经济的发展，每个地区的社会保险费缴纳额度规定多有不同。

我国目前有职工基本医疗保险和城乡居民基本医疗保险。职工基本医疗保险个人缴纳工资基数的 2%，单位缴纳比例高的达到工资基数的 9.8%。养老保险，企业缴费部分一般不超过职工应计工资总额的 20%，职工按个人缴费基数的 8%缴费，职工个人缴费部分由企业代扣代缴；个体劳动者和自由职业者，按个人缴费基数的 18%缴费。失业保险个人缴纳工资基数的 0.5%，单位缴纳工资基数的 1.5%。

生育保险和工伤保险由用人单位缴费，个人不缴纳。目前，我国正在全面推进生育保险和职工基本医疗保险合并实施。

4.住房公积金。

住房公积金是指企业和职工按照国务院《住房公积金管理条例》规定向住房公积金管理中心缴存的长期住房储金。各地的住房公积金缴存比例不尽一致，一般在 10%～12%之间。个人和单位缴存比例相同。职工在买房、退休等情形下可以提取住房公积金。

5.工会经费和职工教育经费。

企业拨缴的工会经费，不超过工资薪金总额的 2%的部分，准予在计算所得税应纳税所得额时扣除。自 2018 年 1 月 1 日起，企业发生的职工教育经费支出，不超过工资薪金总额的 8%的部分，准予在计算所得税应纳税所得额时扣除。

6.非货币性福利。

7.因解除与职工的劳动关系给予的补偿。

8.其他与获得职工提供的服务相关的支出等。

（二）职工薪酬的核算原则

企业应当在职工为其提供服务的会计期间，将应付的职工薪酬确认为负债，并根据职工提供服务的受益对象，分别按下列情况进行会计处理：

1.应由生产产品、提供劳务负担的职工薪酬，计入产品成本或劳务成本。

2.应由在建工程、无形资产开发项目负担的职工薪酬，计入固定资产或无形资产成本。

3.其他职工薪酬（含因解除与职工的劳动关系给予的补偿），计入当期损益。

（三）职工薪酬核算举例

【例 4-5】2020 年 1 月 31 日，××××铸造有限公司（增值税一般纳税人）通过计算，本月应发放职工工资 90 000 元，其中车间生产工人工资 60 000 元，车间管理人员工资 5 000 元，行政管理人员工资 10 000 元，专设销售机构人员工资 10 000 元，在建工程人员工资 5 000 元。

根据"工资结算汇总表"等，编制会计分录如下：

借：生产成本　　　　　　　　　　　　　　　　　　　　60 000
　　制造费用　　　　　　　　　　　　　　　　　　　　 5 000
　　管理费用　　　　　　　　　　　　　　　　　　　　10 000
　　销售费用　　　　　　　　　　　　　　　　　　　　10 000
　　在建工程　　　　　　　　　　　　　　　　　　　　 5 000
　　贷：应付职工薪酬——工资　　　　　　　　　　　　　　90 000

四、税金及附加的账务处理

（一）税金及附加的含义与账户

税金及附加是指企业经营活动应负担的相关税费，主要包括消费税、城市维护建设税、教育费附加、房产税、城镇土地使用税、车船税、印花税、资源税等。

企业应设置"税金及附加"账户，核算企业经营活动发生的消费税、城市维护建设税、教育费附加、房产税、城镇土地使用税、车船税、印花税、资源税等。本账户为损益类账户中的费用类账户，借方登记增加，登记应负担的税费，贷方登记减少，登记在期末转入"本年利润"账户的税金及附加；期末，应将本账户余额转入"本年利润"账户，结转后本账户应无余额。"税金及附加"账户按照税金及附加的名称设置明细账进行明细核算。

（二）税金及附加的核算

【例 4-6】2020 年 1 月，修齐公司生产销售实木地板，取得应交消费税的商品销售收入 500 000 元，款项尚未收到。该产品适用的增值税税率为 13%，消费税税率为 5%。

应向购买方收取的增值税销项税额＝500 000×13%＝65 000（元）

应交消费税额＝500 000×5%＝25 000（元）

编制销售实木地板的会计分录如下：

借：应收账款 565 000

　　贷：主营业务收入 500 000

　　　　应交税费——应交增值税（销项税额） 65 000

编制计提税金及附加的会计分录如下：

借：税金及附加 25 000

　　贷：应交税费——应交消费税 25 000

【例 4-7】2020 年 1 月 31 日，××公司（增值税一般纳税人）汇总当月应交消费税 1 000 元，当月增值税销项税额为 100 000 元，进项税额为 60 000 元，没有其他影响增值税计算的因素。该公司适用的城市维护建设税税率为 7%，教育费附加征收率为 3%。

应交增值税额＝100 000－60 000＝40 000（元）。

应交城市维护建设税额＝（40 000＋1 000）×7%＝2 870（元）。

应交教育费附加＝（40 000＋1 000）×3%＝1 230（元）。

编制月末计提城市维护建设税、教育费附加的会计分录如下：

借：税金及附加 4 100

　　贷：应交税费——应交城市维护建设税 2 870

　　　　　　　　——应交教育费附加 1 230

编制月末计提城市维护建设税、教育费附加的会计分录如下：

2020 年 1 月 31 日，××公司将当月应交增值税额转入"应交税费——未交增值税"。

借：应交税费——应交增值税（转出未交增值税） 40 000

　　贷：应交税费——未交增值税 40 000

【更上层楼】

为了分别反映增值税一般纳税人欠交增值税款和待抵扣增值税的情况，以确保企业及时足额缴纳增值税，月份终了，企业计算出当期应交未交的增值税，借记"应交税费——应交增值税（转出未交增值税）"账户，贷记"应交税费——未交增值税"账户；反之，如果当月的增值税出现多交的情形，应借记"应交税费——未交增值税"账户，贷记"应交税费——应交增值税（转出多交增值税）"账户。

【例4-8】续【例4-7】，2020年2月15日，××公司缴纳上月应交增值税、消费税、城市维护建设税、教育费附加。

编制缴纳增值税、消费税、城市维护建设税、教育费附加的会计分录如下：

借：应交税费——未交增值税　　　　　　　　　40 000
　　　　　　——应交消费税　　　　　　　　　1 000
　　　　　　——应交城市维护建设税　　　　　2 870
　　　　　　——应交教育费附加　　　　　　　1 230
　　贷：银行存款　　　　　　　　　　　　　　45 100

【更上层楼】

企业缴纳的多数税费是需要预计的，但也有不需要预计的情形，如印花税、耕地占用税、车辆购置税等常常是直接支付或发生，不需要预计应缴纳数，因此，不通过"应交税费"账户核算。如直接现金购买印花税票并粘贴注销，往往应借记"税金及附加"账户，贷记"库存现金"账户。

任务三　营业外收入与营业外支出的核算

一、营业外收入

（一）概念

营业外收入是指企业非日常生产经营活动形成的、应当计入当期损益、会导致所有者权益增加、与所有者投入资本无关的经济利益的净流入。营业外收入是企业财务成果的重要组成部分。

（二）核算内容

核算内容主要包括处置非流动资产（如固定资产、无形资产）净收益、捐赠收益、盘盈收益、确实无法偿付的应付款项、政府补助、违约金收益等。

（三）账户设置与账务处理

企业应当设置"营业外收入"账户。"营业外收入"账户属于损益类账户，主要用来核算营业外收入的取得和结转情况。该账户贷方登记发生的各种营业外收入；借方登记期末转入"本年利润"账户的余额；期末结转后，该账户应无余额。该账户按营业外收入的项目设置明细账进行明细核算。如图4-2所示。

借方		营业外收入	贷方
		取得的直接记入当期损益的利得	×××
期末将余额转入"本年利润"账户	×××	……	
本期借方发生额合计	×× ×	本期贷方发生额合计	×××

图4-2 "营业外收入"账户结构

【例4-9】××××铸造有限公司（增值税一般纳税人）收到合同违约方交来的违约金4 000元，存入银行。

编制会计分录如下：

借：银行存款　　　　　　　　　　　　　　　　　　4 000
　　贷：营业外收入　　　　　　　　　　　　　　　　　　4 000

【例4-10】××××铸造有限公司（增值税一般纳税人）核销无法支付的应付账款10 000元。

编制会计分录如下：

借：应付账款　　　　　　　　　　　　　　　　　　10 000
　　贷：营业外收入　　　　　　　　　　　　　　　　　　10 000

【例4-11】××××铸造有限公司（增值税一般纳税人）结转出售固定资产净收益4 000元。

编制会计分录如下：

借：固定资产清理　　　　　　　　　　　　　　　　4 000
　　贷：营业外收入　　　　　　　　　　　　　　　　　　4 000

二、营业外支出

（一）概念

营业外支出是指企业非日常生产经营活动发生的、应当计入当期损益、会导致所有者权益减少、与向所有者分配利润无关的经济利益的净流出。营业外支出是企业财务成果的重要组成部分。

（二）核算内容

核算内容主要包括处置非流动资产（如固定资产、无形资产）净损失、自然灾害等不可抗力因素造成的非常损失、税收滞纳金、罚金、罚款、被没收财物的损失、捐赠支出、赞助支出等。

（三）账户设置与账务处理

企业应当设置"营业外支出"账户。"营业外支出"账户属于损益类账户，主要用来核算营业外支出的发生和结转情况。企业发生各项营业外支出时，记入这个账户的借方；期末结转损益时，从贷方转入"本年利润"账户的借方，结转后该账户无余额。如图 4-3 所示。

借方	营业外支出		贷方
发生的直接记入当期损益的损失	×××		……
……		期末将余额转入"本年利润"账户	×××
本期借方发生额合计	×××	本期贷方发生额合计	×××

图 4-3 "营业外支出"账户结构

【例 4-12】××××铸造有限公司（增值税一般纳税人）向暴发疫情的地区捐赠 95 000 元，通过汇兑支付。

编制会计分录如下：

借：营业外支出   95 000

　　贷：银行存款   95 000

【例 4-13】××××铸造有限公司（增值税一般纳税人）结转固定资产盘亏 6 000 元。

编制会计分录如下：

借：营业外支出   6 000

　　贷：待处理财产损溢   6 000

【例 4-14】××××铸造有限公司（增值税一般纳税人）支付税收滞纳金 500 元。

编制会计分录如下：

借：营业外支出   500

　　贷：银行存款   500

任务四　所得税费用的核算

一、所得税费用

（一）概述

《小企业会计准则》明确规定，小企业应采用应付税款法计算所得税费用。应付税款法是指企业不确认时间性差异对所得税的影响金额，按照当期计算的应交所得税额确认为当期所得税费用的方法。在应付税款法下，当期所得税费用等于当期应缴纳的所得税。

（二）账户

小企业应设置"所得税费用"账户来核算企业负担的所得税。"所得税费用"账户属于损益类账户中的费用类账户，该账户借方登记企业计提的所得税，贷方登记转入"本年利润"账户的所得税。期末结转后，该账户无余额。如图4-4所示。

借方	所得税费用		贷方
应承担的所得税费用	×××		......
......		期末转入"本年利润"账户	×××
本期借方发生额合计	×××	本期贷方发生额合计	×××

图4-4 "所得税费用"账户结构

（三）纳税调整和计算

应交企业所得税额＝应纳税所得额×企业所得税税率，其中：

应纳税所得额＝税前会计利润（即利润总额）＋纳税调整增加额－纳税调整减少额

常见的纳税调整增加额主要包括：超过税法规定标准的职工福利费、工会经费、职工教育经费，公益性捐赠，业务招待费，广告费和业务宣传费；税收滞纳金、罚款、罚金和被罚没财物的损失；赞助支出等。

常见的纳税调整减少额包括：国债利息收入、财政拨款、前五年内未弥补的亏损等。

【例4-15】××××铸造有限公司（增值税一般纳税人）2019年度的税前会计利润（利润总额）为1 000 000元，其中包括国债利息收入20 000元；全年实际发生业务招待费280 000元，按税法规定本年度准予扣除的业务招待费限额为160 000元；赞助支出40 000元。该公司2016年度发生亏损100 000元。企业所得税税率为25%。

（1）纳税调整增加额：

①业务招待费超过计税标准的金额：280 000－160 000＝120 000（元）

②赞助支出：40 000（元）

合计160 000元。

（2）纳税调整减少额：

①国债利息收入：20 000元。

②2016年度亏损：100 000元。

合计120 000元。

（3）应纳税所得额＝1 000 000＋160 000－120 000＝1 040 000（元）

（4）应交所得税额＝1 040 000×25%＝260 000（元）

公司2019年度计提企业所得税的会计分录如下：

借：所得税费用 260 000

　　贷：应交税费——应交所得税 260 000

【例4-16】续【例4-15】，××××铸造有限公司（增值税一般纳税人）补交企业所得税80 000元（公司之前已经预缴企业所得税180 000元）。

编制会计分录如下：

借：应交税费——应交所得税　　　　　　　　　　　　　　　80 000
　　贷：银行存款　　　　　　　　　　　　　　　　　　　　　80 000

任务五　利润的核算

利润是指企业在一定会计期间的经营成果，其中包括营业利润、利润总额和净利润。

一、本年利润的核算方法

在实际工作中，会计期末结转本年利润的方法主要有"表结法""账结法"两种。

1. 表结法

表结法即用"利润表"结转期末损益类项目，计算体现期末财务成果的方法。每月月末只结出损益类账户的月末余额，损益类账户不结转，将损益类账户的累计余额填列在利润表中，通过填列"利润表"从而计算出本月利润额或亏损额。表结法下，年中损益类账户无须结转入"本年利润"账户，从而减少了转账环节和工作量，同时不影响利润表的编制和有关利润指标的作用。表结法只能用于 1-11 月，12 月必须使用账结法结转整个年度的累计余额。

2. 账结法

账结法时每个会计期间，期末编制记账凭证，将在账簿中结出的各损益类账户的期末余额，结转到"本年利润"账户中，结转后各损益类账户月末无余额，结转后的"本年利润"账户的本月余额反映当月实现的利润或发生的亏损。

二、利润形成的核算

（一）利润的三个层次

利润按构成内容不同，主要分为营业利润、利润总额和净利润三个层次。

1. 营业利润

营业利润是企业利润的主要来源，其计算公式如下：

营业利润＝营业收入－营业成本－税金及附加－销售费用－管理费用－财务费用＋投资收益（－投资损失）

其中：

营业收入＝主营业务收入＋其他业务收入

营业成本＝主营业务成本＋其他业务成本

2. 利润总额

利润总额又称为税前利润，如果为负数，则称亏损，其计算公式如下：

利润总额＝营业利润＋营业外收入－营业外支出

3. 净利润

$$净利润＝利润总额－所得税费用$$

【例 4-17】××××培训有限公司 2020 年 1 月有关损益类账户的累计发生额如表 4-4 所示。

表 4-4　损益类账户的累计发生额

账户名称	贷方金额
主营业务收入	1 000 000
其他业务收入	20 000
投资收益	5 000
营业外收入	5 000
主营业务成本	500 000
其他业务成本	15 000
税金及附加	40 000
销售费用	60 000
管理费用	40 000
财务费用	3 000
营业外支出	7 000

假设不存在纳税调整事项，即应纳企业所得税额等于利润总额。企业适用的企业所得税税率为 25%。根据资料计算 2020 年该公司的营业利润、利润总额、所得税费用和净利润分别是多少？

营业利润＝（1 000 000＋20 000）－（500 000＋15 000）－40 000－60 000－40 000－3 000＋5 000＝367 000（元）

利润总额＝367 000＋5 000－7 000＝365 000（元）

所得税费用＝365 000×25%＝91 250（元）

净利润＝365 000－91 250＝273 750（元）

（二）常用账户

1. "本年利润"账户

"本年利润"账户属于所有者权益账户，主要用来核算企业当期实现的净利润（或发生的净亏损）。①贷方登记企业期末转入的主营业务收入、其他业务收入、营业外收入和投资收益等；②借方登记企业期末转入的主营业务成本、税金及附加、其他业务成本、销售费用、管理费用、财务费用、营业外支出、投资损失和所得税费用等；③期末余额如在贷方，表示当期实现的净利润；余额如在借方，表示当期发生的净亏损；④年度终了，应将本年收入和支出相抵后结出的本年实现的净利润（或发生的净亏损）转入"利润分配——未分配利润"账户。

2. "投资收益"账户

"投资收益"账户属于损益类账户，用来核算企业确认的投资收益或投资损失。①贷方登记实现的投资收益和期末转入"本年利润"账户的投资净损失；②借方登记发生的投资损失和期末转入"本年利润"账户的投资净收益；③期末结转后，无余额。如图4-5所示。

借方	投资收益		贷方
发生的投资损失	×××	取得的投资收益	×××
将投资净收益转入"本年利润"账户	×××	将投资净损失转入"本年利润"账户	×××
本期借方发生额合计	×××	本期贷方发生额合计	×××

图4-5　"投资收益"账户结构

（三）利润形成的账务处理

（1）会计期末（月末或年末）结转各项收入时，借记"主营业务收入""其他业务收入""营业外收入"等账户，贷记"本年利润"账户。

（2）结转各项支出时，借记"本年利润"账户，贷记"主营业务成本""税金及附加""其他业务成本""销售费用""管理费用""财务费用""营业外支出"等账户。

（3）计算所得税费用。计算所得税时，借记"所得税费用"账户，贷记"应交税费——应交所得税"账户；结转所得税时，借记"本年利润"账户，贷记"所得税费用"账户。

【例4-18】续【例4-23】，要求：（1）结转各项收入利得类账户；（2）结转各项费用损失类账户；（3）计算并结转所得税费用；（4）计算本年度净利润（企业所得税税后利润）。

公司应编制如下会计分录：

（1）结转收入利得类账户：

借：主营业务收入　　　　　　　　　　　　　　1 000 000
　　其他业务收入　　　　　　　　　　　　　　　　20 000
　　投资收益　　　　　　　　　　　　　　　　　　 5 000
　　营业外收入　　　　　　　　　　　　　　　　　 5 000
　　　贷：本年利润　　　　　　　　　　　　　　1 030 000

（2）结转各项费用损失类账户：

借：本年利润　　　　　　　　　　　　　　　　　665 000
　　　贷：主营业务成本　　　　　　　　　　　　　500 000
　　　　　其他业务成本　　　　　　　　　　　　　 15 000
　　　　　税金及附加　　　　　　　　　　　　　　 40 000
　　　　　销售费用　　　　　　　　　　　　　　　 60 000
　　　　　管理费用　　　　　　　　　　　　　　　 40 000
　　　　　财务费用　　　　　　　　　　　　　　　　3 000
　　　　　营业外支出　　　　　　　　　　　　　　　7 000

（3）计提所得税费用：

借：所得税费用　　　　　　　　　　　　　　　　 91 250
　　　贷：应交税费——应交所得税　　　　　　　　 91 250

（4）结转所得税费用（假定该企业不存在递延所得税费用）：

借：本年利润　　　　　　　　　　　　　　　　　91 250

　　贷：所得税费用　　　　　　　　　　　　　　　91 250

三、利润分配的核算

（一）概念

利润分配是企业在一定时期（通常为年度）内对所实现的净利润，按规定在企业与投资者之间的分配等。

（二）分配顺序

1. 计算可供分配的利润

将本年净利润（或亏损）与年初未分配利润（或亏损）合并，计算出可供分配的利润。如果可供分配的利润为负数（即亏损），则不能进行后续分配；如果可供分配利润为正数（即本年累计盈利），则进行后续分配。

2. 提取法定盈余公积金

在不存在年初累计亏损的前提下，公司的法定盈余公积金按照税后净利润的10%提取。法定盈余公积金已达注册资本的50%时可不再提取。提取的法定盈余公积金用于弥补以前年度亏损或转增资本金。但转增资本金后留存的法定盈余公积金不得低于注册资本的25%。

3. 提取任意盈余公积金

公司的任意盈余公积金计提标准由股东（大）会确定。

4. 向股东（投资者）支付股利（分配利润）

企业以前年度未分配的利润，可以并入本年度分配。

（三）核算账户

1. 利润分配

"利润分配"账户，是用来核算企业利润的分配（或亏损的弥补）和历年分配（或弥补）后的积存余额。该账户的贷方登记年终时从"本年利润"账户借方转来的当年实现的净利润总额；借方登记按规定实际分配的利润数，或年终时从"本年利润"账户的贷方转来的当年亏损总额；年终贷方余额表示历年积存的未分配利润，如为借方余额，则表示历年积存的未弥补亏损。本账户应设置"提取法定盈余公积""应付现金股利或利润""未分配利润"等进行明细核算。

其中"利润分配——提取法定盈余公积""利润分配——提取任意盈余公积""利润分配——应付现金股利或利润"类似于资产、费用类账户，借方登记计提数，贷方登记结转，即减少数。"利润分配——未分配利润"明细账户类似于所有者权益类账户，贷方登记增加数，借方登记转入，即减少数。

2. 盈余公积

盈余公积是指企业从税后利润中提取形成的、存留于企业内部、具有特定用途的收益积累。"盈余公积"账户是所有者权益类的账户，贷方表示增加，登记从净利润中提取的盈余公积数额；借方表示减少，登记弥补亏损、转增资本和分配股利的盈余公积数额；余额在贷方。该账户应设置"法定盈余公积""任意盈余公积"账户进行明细核算。如图 4-6 所示。

借方	盈余公积		贷方
	期初余额		×××
用公积金弥补亏损或转增资本	×××	提取的法定公积金和任意公积金	×××
本期借方发生额合计	×××	本期贷方发生额合计	×××
		法定公积金和任意公积金的余额	×××

图 4-6　"盈余公积"账户结构

3. 应付利润

应付利润是企业根据股东（大）会或类似机构审议批准的利润分配方案确定分配给投资者的现金股利或利润，是企业运用投资者投入的资金给予的一定的回报。核算应付利润时应设置"应付利润"账户。"应付利润"账户是负债类账户，指企业经股东（大）会，或类似机构决议确定分配的现金股利或利润。借减贷增，贷方登记应支付的现金股利或利润；借方登记实际支付的现金股利或利润；余额在贷方，是用来反映企业尚未支付的现金股利或利润。如图 4-7 所示。

借方	应付利润		贷方
	期初余额		×××
向投资者实际支付的利润	×××	应分配给投资者的利润	×××
本期借方发生额合计	×××	本期贷方发生额合计	×××
		应付未付的利润	×××

图 4-7　"应付利润"账户结构

（四）核算举例

【例 4-19】××××机械公司 2019 年度实现净利润 1 500 000 元，年末按年度净利润的 10%、5% 提取法定盈余公积和任意盈余公积；决定向投资者分配现金股利 1 000 000 元；年初"利润分配——未分配利润"账户为贷方余额 300 000 元。

公司应编制如下会计分录：

年末净利润结转时：

借：本年利润　　　　　　　　　　　　　　　　1 500 000

　　贷：利润分配——未分配利润　　　　　　　　　1 500 000

提取盈余公积时：

借：利润分配——提取法定盈余公积　　　　　　150 000

　　　　　　——提取任意盈余公积　　　　　　　75 000

　　贷：盈余公积——法定盈余公积　　　　　　　150 000

　　　　　　　——任意盈余公积　　　　　　　　75 000

宣告发放股利或利润时：

借：利润分配——应付现金股利或利润   1 000 000

    贷：应付利润   1 000 000

将"利润分配"账户其他明细账户转入"利润分配——未分配利润"账户时：

借：利润分配——未分配利润   1 225 000

    贷：利润分配——提取法定盈余公积   150 000

           ——提取任意盈余公积   75 000

           ——应付现金股利或利润   1 000 000

> **【更上层楼】**
>
> 　年度终了，"利润分配"账户除"未分配利润"以外的其他明细账户在结转到"利润分配——未分配利润"明细账户后没有余额。

年末"利润分配——未分配利润"账户余额＝年初"利润分配——未分配利润"账户余额＋本年净利润－本期已分配利润＝300 000＋1 500 000－1 225 000＝575 000（元）

实际支付股利或利润时：

借：应付利润   1 000 000

    贷：银行存款   1 000 000

任务六　留存收益

　　留存收益是企业从历年实现的利润中提取或形成的留存于企业的内部积累，包括盈余公积和未分配利润。留存收益来源于企业生产经营后实现的净利润，它与实收资本和资本公积的区别在于：实收资本和资本公积来源于企业的资本投入，而留存收益来源于企业的资本增值。

一、盈余公积

　　如前所述，盈余公积是指企业从税后利润中提取形成的、存留于企业内部、具有特定用途的收益积累。盈余公积包括法定盈余公积和任意盈余公积，两者的区别在于其各自计提的依据不同，前者以国家的法律或行政规章为依据提取；后者则由企业自行决定提取。

（一）盈余公积分类

　　法定盈余公积是指企业按照规定从净利润中提取的积累资金。法定意味着提取时由国家法规强制规定，如我国《公司法》规定，公司制企业的法定盈余公积按照税后利润的10%提取，法定盈余公积累计达到注册资本的50%时，可以不再提取。注意：企业提取盈余公积时，如果年初有未分配的利润，在计算提取盈余公积的基数时，应不包括年初未分配利润；如果有以前年度的亏损，应先弥补以前年度亏损，再提取盈余公积。

　　任意盈余公积是企业根据实际需要，从税后利润提取一部分留存于企业，提取比例由企业召开股东（大）会自行决定。

提取盈余公积的会计核算如前，在此不详述。

（二）盈余公积的用途

企业提取的盈余公积主要用于以下几个方面：

1. 弥补亏损

当企业发生经营亏损时，应由企业自行弥补。弥补亏损的渠道有三种：一是用以后年度的税前利润弥补，按照现行制度规定，企业发生亏损后，可以用以后五年内实现的税前利润进行弥补；二是用以后年度税后利润补亏，企业发生的亏损超过五年期间未能足额弥补的，尚未弥补的亏损可以用税后利润弥补；三是以盈余公积弥补亏损，企业用盈余公积弥补亏损时，必须经股东（大）会批准。

企业以当年实现的利润弥补以前年度结转的未弥补亏损，不需要进行专门的账务处理。企业将当年实现的利润自"本年利润"账户转入"利润分配——未分配利润"账户的贷方，其贷方发生额与"利润分配——未分配利润"借方余额自然抵补。以税前利润还是以税后利润弥补亏损，其会计处理方法相同。

【例4-20】××××铸造公司经股东会批准，决定用以前年度提取的法定盈余公积250 000元和任意盈余公积100 000元弥补2019年度亏损350 000元。

年末净利润结转时，公司应编制如下会计分录：

借：盈余公积——法定盈余公积　　　　　　　　　　　　　　　250 000
　　　　　　　——任意盈余公积　　　　　　　　　　　　　　　100 000
　　贷：利润分配——盈余公积补亏　　　　　　　　　　　　　　350 000

2. 转增资本

企业将盈余公积转增资本时，必须由股东（大）会做出决议。在将盈余公积转增资本时，要按股东原有持股比例结转。

【例4-21】××××铸造公司经股东会决议，决定将100 000元法定盈余公积转增资本金。公司资本结构是A、B、C三位投资者的投资比例分别为60%，20%，20%。

办妥转增手续后，公司应编制如下会计分录：

借：盈余公积——法定盈余公积　　　　　　　　　　　　　　　100 000
　　贷：实收资本——A投资者　　　　　　　　　　　　　　　　　60 000
　　　　　　　　　——B投资者　　　　　　　　　　　　　　　　　20 000
　　　　　　　　　——C投资者　　　　　　　　　　　　　　　　　20 000

二、未分配利润

未分配利润是企业依据实现的税后利润经过弥补亏损、提取盈余公积、向投资者分配利润后，留存在企业的、历年结存的净利润，也是企业所有者权益的组成部分。这部分所有者权益未限定用途，可以留待以后年度使用。

期末未分配利润的计算如下：

<table>
<tr><td></td><td>期初</td><td>未分配利润</td></tr>
<tr><td>＋</td><td>本期</td><td>实现的净利润</td></tr>
<tr><td>－</td><td></td><td>提取的各种盈余公积</td></tr>
<tr><td>－</td><td></td><td>向投资者分配的利润</td></tr>
<tr><td></td><td>期末</td><td>未分配利润</td></tr>
</table>

【更上层楼】

　　"利润分配——未分配利润"明细账户如果是贷方余额，表示企业历年结存的尚未分配的利润；如果是借方余额，则表示企业历年累计尚未弥补的亏损。

【练习与提高】

一、填空题

1. 出租的无形资产摊销记入"_____"账户的借方。

2. 周转材料的摊销方法包括_____、_____。

3. 管理用低值易耗品的摊销记入"_____"账户的借方。

4. 罚款支出记入"_____"账户的借方。

5. "投资收益"账户属于_____类账户。

6. 无法支付的应付账款转入"_____"账户的贷方。

7. "本年利润"账户属于_____类账户。

8. 年终"利润分配——未分配利润"的借方余额表示_____，贷方余额表示_____。

9. 转增资本金后留存的法定盈余公积金不得低于注册资本的____。

10. 为了核算企业利润的分配（或亏损的弥补）和历年分配（或弥补）后的积存余额，应设置"利润分配"账户，并根据需要设置明细账户。利润分配的明细账户除"未分配利润"外还包括_____、_____、_____。

二、单项选择题

1. 某公司现有注册资本 2 000 万元，法定盈余公积的数额为 1 000 万元，可用于转增资本的数额为（　　）。

　　A. 400 万元　　　　　B. 600 万元　　　　C. 500 万元　　　　D. 1 000 万元

2. 一次领用低值易耗品数量不大、金额不高，可采用（　　）。

　　A. 分次摊销法　　B. 一次转销法　　C. 五五摊销法　　D. 净值摊销法

3. 罚款支出属于（　　）。

　　A. 主营业务成本　　B. 其他业务支出　　C. 营业外支出　　D. 管理费用

4. 下列原材料相关损失项目中，应计入营业外支出的是（　　）。

　　A. 自然灾害造成的原材料净损失　　　　B. 原材料运输途中发生的合理损耗

　　C. 计量差错引起的盘亏　　　　　　　　D. 人为责任造成的原材料损失

5. 出售无形资产取得的收益，应记入"（　　）"账户。

　　A. 营业外收入　　B. 投资收益　　C. 其他业务收入　　D. 主营业务收入

6. 无形资产摊销时贷记"（　　）"账户。

　　A. 管理费用　　　　B. 制造费用　　　　C. 营业外支出　　D. 累计摊销

7. 下列属于营业外收入的是（　　）。

　　A. 销售商品收入　　B. 销售材料收入　　C. 提供劳务收入　　D. 罚款收入

8. 无形资产核算中使用的"累计摊销"，属于（　　）类账户。

A. 资产　　　　B. 负债　　　C. 所有者权益　　D. 费用

9. 法定公积金累计额超过注册资本的（　　　）以上时，公司可以不再提取。

A. 25%　　　　　　B. 50%　　　　　　C. 75%　　　　　　D. 100%

10. 下列各项业务中，会导致留存收益总额增加的是（　　　）。

A. 资本公积转增资本　　　　　　　　B. 盈余公积转增资本

C. 提取盈余公积　　　　　　　　　　D. 企业实现净利润

三、判断题

（　　　）1. 小企业无形资产采用年限平均法（直线法）进行摊销。

（　　　）2. 无形资产摊销的起止时间是：当月增加的无形资产，当月开始摊销；当月减少的无形资产，当月不再进行摊销。

（　　　）3. "累计摊销"是资产类账户，所以该账户的借方登记增加额。

（　　　）4. 小企业在现金清查中，属于无法查明原因的现金溢余，经批准后，应记入"营业外收入"账户。

（　　　）5. 小企业出售无形资产的利得或损失，应计入当期营业外收支。

（　　　）6. 资本公积可以用来弥补企业亏损。

（　　　）7. 盈余公积不能用于转增资本。

（　　　）8. 资本公积是企业从历年实现的利润中提取或留存于企业的内部积累。

四、实训题，写出以下业务的分录

1. 收到现金捐赠 800 元。

2. 计提本月固定资产折旧 30 000 元：其中基本生产车间 20 000 元，行政管理部门 10 000 元。

3. 某公司 2019 年购入一项专利，买价及有关费用共计 60 000 元，以电汇方式支付。预计使用五年。按月摊销上述专利的价值。

购入时：

逐月摊销时：

4. 应收账款金额 5 000 元，对方企业破产，无法收回。

5. 计提专设销售机构固定资产的折旧费 4 000 元。

6. 以银行存款支付合同违约金 3 000 元。

7. 计提本月固定资产折旧 120 000 元。其中，车间固定资产折旧 80 000 元，行政管理部门固定资产折旧 40 000 元。

8. 开出转账支票，支付税收滞纳金 5 000 元。

9. 企业宣告发放现金股利 200 000 元。

五、综合题

（一）××公司的基本生产车间领用专用工具一批，实际成本 72 000 元，预计可使用三次，采用分次摊销法进行摊销。到期报废，残料价值 500 元。

领用时：

第一次摊销时；

第二次摊销时；

第三次摊销和报废时。

（二）核算××××铸造有限公司发生的无形资产业务。

（1）2019 年 1 月 20 日，某公司以银行存款购买一项商标权，实际成本 100 000 元，预计有效使用期 10 年。

（2）2019 年 12 月 31 日，公司对该无形资产进行摊销（按年编制摊销的会计分录）。

（3）2020 年 1 月 1 日，公司将该无形资产出租，企业停止使用。年末收到租金 15 000 元，存入银行（按年编制确认租金收入的会计分录）。

（4）2020 年 12 月 31 日，公司对该无形资产进行摊销（按年编制摊销的会计分录）。

（三）××××文玩公司 2019 年度实现净利润 800 000 元。年初"利润分配——未分配利润"账户为贷方余额 300 000 元。根据要求编制会计分录。

（1）结转本年利润。

（2）按照净利润的 10%提取法定盈余公积金。

（3）企业决定向投资者发放现金股利 500 000 元。

（4）将利润分配的其他明细账户金额转入"利润分配——未分配利润"。

（5）计算期末未分配利润金额。

项目五　企业财务报表

【项目学习目标、方法、建议学时】

表 5-1　项目学习目标、方法、建议学时

	学习目标	学习方式	学时
知识目标	1.了解财务会计报告体系 2.掌握财务会计报告的概念、种类、构成 3.掌握基本资产负债表和利润表的编制方法	编制资产负债表、利润表	
技能目标	1.熟练掌握账户分析技能、会计信息报告技能 2.掌握模拟报表业务的会计核算	通过对期末账户余额、账户本期发生额的分析计算，学会填报有关报表项目	10
情感态度价值观目标	培养良好的会计职业道德；培养认真细致的工作作风、严谨的工作态度及服务意识；遵纪守法，不做假账	在学与做中进行道德体悟，养成细致、严谨的工作作风，培养会计职业操守	

任务一　财务报表综述

一、财务会计报告的概念

财务会计报告，又称为财务报告，是会计主体对外提供的反映某一特定日期财务状况和某一会计期间经营成果、现金流量等会计信息的文件。

财务会计报告至少包括以下几层含义：

（1）财务会计报告应当是对外报告，其服务对象主要是投资者、债权人等外部使用者，专门为了内部管理需要的报告不属于财务会计报告的范畴；

（2）财务会计报告应当综合反映企业的生产经营状况，包括某一时点的财务状况和某一时期的经营成果与现金流量等信息，以勾画出企业经营情况的整体和全貌；

（3）财务会计报告必须形成一个系统的文件，不应是零星或者不完整的信息。

财务会计报告是财务会计确认与计量的最终结果体现，投资者和使用者主要是通过财务会计报告来了解企业当前的财务状况、经营成果和现金流量等情况，从而预测未来的发展趋势。因此，财务会计报告是向投资者等财务会计报告使用者提供决策有用信息的媒介和渠道，是沟通投资者、债权人等使用者与企业管理层之间信息沟通的桥梁和纽带。

二、财务会计报告的构成

财务会计报告包括财务报表和其他应当在财务会计报告中披露的相关信息和资料。

（一）财务报表

财务报表，又称为对外会计报表，是会计主体对外提供的反映其财务状况、经营成果和现金流量的会计报表。财务报表是财务会计报告的主要部分，主要包括资产负债表、利润表、现金流量表和所有者权益变动表及其附注。其中，财务报表由报表本身及其附注两部分构成，附注是财务报表的有机组成部分。

1. 资产负债表

资产负债表是反映企业在某一特定日期的财务状况的报表。

企业编制资产负债表的目的是如实反映企业的资产、负债和所有者权益金额及其构成情况，有助于使用者评价企业资产的质量以及短期偿债能力、长期偿债能力等。

2. 利润表

利润表是反映企业在一定会计期间的经营成果的报表。

企业编制利润表的目的是如实反映企业实现的收入、发生的费用以及应当计入当期利润的利得和损失等金额及其结构情况，有助于使用者分析评价企业的盈利能力等。

3. 现金流量表

现金流量表是反映企业在一定会计期间的现金和现金等价物流入和流出的报表。

企业编制现金流量表的目的是如实反映企业各项活动的现金流入和现金流出，有助于使用者评价企业生产经营过程特别是经营活动中所形成的现金流量和资金周转情况。

4. 所有者权益变动表

所有者权益变动表是反映构成所有者的各组成部分当期的增减变动情况的报表。

5. 附注

附注是对在财务报表中列示项目所做的进一步说明以及对未能在这些报表中列示项目的说明等。附注由若干附表和对有关项目的文字性说明组成。编制附注的目的是通过对财务报表本身作补充说明，以更加全面、系统地反映企业财务状况、经营成果和现金流量的全貌，向使用者提供更为有用的决策信息，帮助其作出更加科学合理的决策。

考虑到小企业规模较小，外部信息需求相对较低，因此，《企业会计准则——基本准则》明确规定：小企业编制的财务报表可以不包括现金流量表。全面执行企业会计准则体系的企业所编制的财务报表，还应当包括所有者权益（股东权益）变动表。

（二）其他相关的信息和资料

其他相关的信息和资料，指除财务报表及其附注信息之外，其他有助于信息使用者对企业的财务状况、经营成果和现金流量等情况进行了解和分析的信息和资料。

财务报表是财务会计报告的核心内容，但是除了财务报表之外，财务会计报告还应当包括其他相关信息，具体可以根据有关法律法规的规定和外部使用者的信息需求而定。如企业可以在财务会计报告中披露其承担的社会责任、对社区的贡献、可持续发展能力等信息，这些信息对于使用者的决策也是相关的，尽管属于非会计信息，无法包括在财务报表中，但是如果有规定或者使用者有需求，企业应当在财务会计报告中予以披露。

三、财务报表的种类

（一）按照编制和报送的时间分类

1. 年度财务报表

年度财务报表，是指以一个完整的会计年度（自公历 1 月 1 日起至 12 月 31 日止）为基础编制的财务报表。年度财务报表一般包括资产负债表、利润表、现金流量表、所有者权益变动表、财务报表附注等内容。

2. 中期财务报表

中期财务报表，指以中期为基础编制的财务报表。中期，指短于一个完整的会计年度的报告期间。它可以是一个月、一个季度或者半年，也可以是其他短于一个会计年度的期间。中期财务报表既包括月度财务报表、季度财务报表、半年度财务报表，同时也包括年初至本中期末的财务报表。中期财务报表必须包括资产负债表、利润表、现金流量表和财务报表附注。

中期资产负债表、利润表、现金流量表的格式和内容应当与年度财务报表相一致，不因报告期不足一个完整会计年度而不同，但相关的附注披露可相对简略。

（二）按照所反映内容的时间特性分类

财务报表按照所反映内容的时间特性主要分为静态财务报表和动态财务报表。

1.静态财务报表

静态财务报表反映企业在某一特定日期的资产、负债和所有者权益状况，如资产负债表。

2.动态财务报表

动态财务报表是指反映企业一定期间资金耗用和资金收回，资产、负债、所有者权益的变化等的财务报表，主要包括利润表、现金流量表和所有者权益变动表等。

四、财务报表的编制要求

为了使财务报表能够最大限度地满足不同会计信息使用的需要，编制财务报表时应当遵循以下基本要求：

（一）真实可靠

会计核算应当以企业实际发生的交易或完成的事项为依据，如实反映企业的财务状况、经营成果和现金流量。财务报表应当根据经过审核的会计账簿记录和有关资料编制，向不同的会计信息使用者提供财务报表，其编制依据应当保持一致。

财务报表各项目的数据必须建立在真实可靠的基础之上，使企业财务报表能够如实地反映企业的财务状况、经营成果和现金流量，向报表使用者提供可靠信息、便于报表使用者对企业的财务状况、经营成果和现金流量情况作出正确的判断和评价，有助于报表使用者作出正确的决策。

（二）相关可比

财务报表各项目的数据应当口径一致、相互可比。财务报表之间、财务报表各项目之间，凡有相关关系的数字，应当相互一致。年度、半年度财务报表至少应当反映两个年度或者相关两个期间的比较数据。不得随意改变财务报表的编制基础、编制依据、编制原则和方法，以便报表使用者在不同企业之间以及同一企业前后各期之间进行比较。

（三）全面完整

企业财务报表应当全面披露企业的财务状况、经营成果和现金流量情况，完整反映企业财务活动的过程和结果，以满足各有关各方对会计信息资料的需要。为了保证财务报表的全面完整，企业在编制财务报表时，应当按照国家统一的会计制度规定的财务报表格式和内容进行编制。对于某些重要事项，应当按照要求在财务报表附注中进行说明，不得漏编、漏报或者任意取舍。单位负责人应当保证财务报表真实、完整。

（四）便于理解

可理解性要求企业提供的会计信息应当清晰明了，便于财务报表使用者理解和使用。企业对外提供的财务报表是向广大使用者提供企业过去、现在和未来的有关资料，为企业目前或潜在的投资者和债权人提供决策所需要的会计信息。因此，编制财务报表应当清晰明了，便于理解和使用。

（五）编报及时

企业财务报表所提供的会计信息，具有很强的时效性。只有及时编制和报送财务报表，才能成为使用者提供决策所需的适时信息资料；否则，信息可能失去其应有的价值，成为相关性较低甚至不相关的信息。随着信息技术的迅猛发展，财务报表的及时性要求变得更为重要。

企业对外提供的财务报表应当依次编定页数，加具封面，装订成册，加盖公章。封面上应当注明：企业名称、统一社会信用代码、组织形式、地址、报表所属年度或者月份、报出日期，并由单位负责人和主管会计工作的负责人、会计机构负责人（会计主管人员）签名并盖章；设置总会计师的企业，还应当由总会计师签名并盖章。随着经济的迅速发展，科学技术日新月异，出现了电子签名。《电子签名法》规定，可靠的电子签名与手写签名或盖章具有同等的法律效力。

财务报表须经注册会计师审计的，注册会计师及其所在的会计师事务所出具审计报表应当随同财务报表一并提供。

五、财务报表编制前的准备工作

在编制财务报表前，需要完成下列工作：

（1）严格审核会计账簿的记录和有关资料；

（2）进行全面财产清查、核实债务，发现有关问题应及时查明原因并按规定程序报批，并进行相应的会计处理；

（3）按规定的结账日结账并对账；

（4）检查相关的会计核算是否按照国家统一的会计制度的规定进行；

（5）检查是否存在因会计差错、会计政策变更等原因需要调整前期或本期相关项目的情况等。

任务二　资产负债表

一、资产负债表的概念和意义

（一）资产负债表的概念

资产负债表是反映企业某一特定日期（月末、季末、半年末、年末）财务状况的财务报表。资产负债表编制的理论依据是"资产＝负债＋所有者权益"的会计等式，即它是根据"资产＝负债＋所有者权益"的等式来编制的。资产负债表属于静态财务报表。

资产负债表的内容主要包括以下三个方面：

1.资产

资产一般分为流动资产、非流动资产，并在流动资产和非流动资产项下进一步分项目列示。

（1）流动资产是指可以在一年内或者超过一年的一个营业周期内变现或运用的资产，

主要包括货币资金、短期投资、应收账款、预付账款、应收股利、应收利息、其他应收款、存货等。

（2）非流动资产项目包括长期债券投资、长期股权投资、固定资产、在建工程、工程物资、固定资产清理、无形资产、长期待摊费用等。

2.负债

负债一般分为流动负债、非流动负债，并进一步分项目列示。

（1）流动负债是指将在一年（含1年）或者超过一年的一个营业周期内偿还的债务。

流动负债项目主要包括短期借款、应付票据、应付账款、预收账款、应付职工薪酬、应交税费、应付利息、应付利润、其他应付款等。

（2）非流动负债项目包括长期借款、长期应付款、其他非流动负债等。

3.所有者权益

所有者权益一般按照实收资本（或股本）、资本公积、盈余公积和未分配利润等分项目列示。

（二）资产负债表的意义

（1）资产负债表可以充分反映企业资产、负债和所有者权益的全貌。

（2）反映企业资产的构成及其状况。

（3）反映企业的负债总额及其结构，分析企业目前与未来的需要支付的债务数额。

（4）反映企业所有者权益的总额及其结构。

（5）通过对资产负债表项目金额及其相关比率的分析，可以帮助报表使用者全面了解企业的资产状况、盈利能力，分析企业现有的投资者的投入及积累在企业资产总额中所占的份额，分析企业的债务偿还能力，从而为经济决策提供信息。

二、资产负债表的格式

资产负债表的结构，包括表首和正表组成。其中正表是资产负债表的主体和核心。

资产负债表通常有两种格式，即报告式和账户式。我国资产负债表采用账户式，即资产列示在报表的左方，负债和所有者权益列示在报表的右方，醒目地体现了"资产＝负债＋所有者权益"的会计等式。

具体为：

（1）资产负债表分为左右两方，左侧为资产，右侧为负债和所有者权益。资产总额等于负债和所有者权益计数额。

（2）左侧资产内部各个项目按照各项资产的流动性的大小或变现能力的强弱进行排列。流动性越大，变现能力越强的资产项目越往前排；反之，越往后排。

（3）右侧负债和所有者权益两项按照求偿权的先后顺序进行排列。负债列于所有者权益之前。其中，负债按照债务偿还期的长短排列，流动负债在前、非流动负债后；所有者权益按照永久性递减顺序排列。

根据《小企业会计准则》，小企业资产负债表的格式如表5-2所示。

表 5-2 资产负债表

会小企 01 表

编制单位：＿＿＿＿ ＿＿＿＿年＿＿月＿＿日 金额单位：元

资产	行次	期末余额	年初余额	负债及所有者权益	行次	期末余额	年初余额
流动资产：	1	—	—	流动负债	33	—	—
货币资金	2			短期借款	34		
短期投资	3			应付票据	35		
应收票据	4			应付账款	36		
应收账款	5			预收账款	37		
预付账款	6			应付职工薪酬	38		
应收股利	7			应交税费	39		
应收利息	8			应付利息	40		
其他应收款	9			应付利润	41		
存货	10			其他应付款	42		
其中：原材料	11			其他流动负债	43		
在产品	12			流动负债合计	44		
库存商品	13			非流动负债：	45	—	—
周转材料	14			长期借款	46		
其他流动资产	15			长期应付款	47		
流动资产合计	16			递延收益	48		
非流动资产：	17	—	—	其他非流动负债	49		
长期债券投资	18			非流动负债合计	50		
长期股权投资	19			负债合计	51		
固定资产原价	20						
减：累计折旧	21						
固定资产账面价值	22						
在建工程	23						
工程物资	24						
固定资产清理	25						
生产性生物资产	26			所有者权益（或股东权益）：	52	—	—
无形资产	27			实收资本（或股本）	53		
开发支出	28			资本公积	54		
长期待摊费用	29			盈余公积	55		
其他非流动资产	30			未分配利润	56		
非流动资产合计	31			所有者权益（或股东权益）合计	57		
资产总计	32			负债和所有者权益（或股东权益）总计	58		

三、资产负债表编制的基本方法

资产负债表有年初余额和期末余额，其中："年初余额"栏内各项数字，应根据上年末资产负债表的"期末余额"栏内所列数字填列。

如果本年度资产负债表的各项目的名称和内容与上年不一致，应对上年年末资产负债表各项目的名称和数字按照本年度的规定进行调整。

（一）"期末余额"栏的一般填列方法有：

1.根据总账账户余额填列。

（1）直接根据总账账户的余额填列。如"短期借款""应付票据""应付职工薪酬"等项目。

（2）根据几个总账账户的余额计算填列。如"货币资金"项目。

2.根据有关明细账户的余额计算填列。如"应收账款""预收账款"项目。

3.根据总账账户和明细账户的余额分析计算填列。如"长期借款"项目。

4.根据总账账户余额减去其备抵账户余额后的净额填列。如"无形资产"项目。

5.根据表中数据的逻辑关系计算填列。如合计、总计项目。

（二）资产负债表各基本项目的具体填列方法：

1.资产项目的具体填列说明

（1）"货币资金"项目，反映小企业库存现金、银行存款等的合计数。本项目应根据"库存现金""银行存款""其他货币资金"账户期末余额的合计数填列。

（2）"短期投资"项目，反映小企业购入的能随时变现并且持有时间不准备超过一年的股票、债券和基金投资的余额。本项目应根据"短期投资"账户的期末余额填列。

（3）"应收票据"项目，反映小企业因销售商品、提供劳务等而收到的商业汇票，包括银行承兑汇票和商业承兑汇票。本项目应根据"应收票据"账户的期末余额填列。

（4）"应收账款"项目，反映小企业因销售商品、提供劳务等经营活动应收取的款项。本项目应根据"应收账款"和"预收账款"账户所属各明细账户的期末借方余额合计填列，即：应收账款项目＝"应收账款"明细分类账户借方余额合计＋"预收账款"明细分类账户借方余额合计。

如"应收账款"账户、"预收账款"账户所属明细账户期末有贷方余额的，应在本表"预收账款"项目内填列。

（5）"预付账款"项目，反映小企业按照合同规定预付给供应单位的款项等。本项目应根据"预付账款"和"应付账款"账户所属各明细账户的期末借方余额合计填列，即：预付账款项目＝"预付账款"明细分类账户借方余额合计＋"应付账款"明细分类账户借方余额合计。

如"预付账款"账户、"应付账款"账户所属各明细账户期末有贷方余额的，应在本表"应付账款"项目内填列。

（6）"应收利息"项目，反映小企业应收取的债券投资等的利息。本项目应根据"应收利息"账户的期末余额填列。

（7）"应收股利"项目，反映小企业应收取的现金股利和应收取其他单位分配的利润。本项目应根据"应收股利"账户的期末余额填列。

（8）"其他应收款"项目，反映小企业除应收票据、应收账款、预付账款、应收股利、应收利息等经营活动以外的其他各种应收、暂付的款项。本项目应根据"其他应收款"账户的期末余额填列。

（9）"存货"项目，反映小企业期末在库、在途和在加工中的各种存货的成本。本项目应根据"材料采购""在途物资""原材料""库存商品""周转材料""委托加工物资""委托代销商品""生产成本"等账户的期末余额合计填列。材料采用计划成本核算或库存商品采用售价核算的小企业，还应按加或减"材料成本差异""商品进销差价"账户余额后的金额填列。

（10）"其他流动资产"项目，反映小企业除以上流动资产项目外的其他流动资产，如将于一年内到期的非流动资产项目金额。本项目应根据有关账户的期末余额分析填列。

（11）"长期债券投资"项目，反映小企业准备长期持有的债券投资的本息。本项目应根据"长期债券投资"账户的期末余额分析填列。

（12）"长期股权投资"项目，反映小企业准备长期持有的权益性投资的成本。本项目应根据"长期股权投资"账户的期末余额填列。

（13）"固定资产原价"和"累计折旧"项目，反映小企业各种固定资产的原价（成本）及累计折旧。这两个项目应根据"固定资产"和"累计折旧"账户的期末余额分别填列。

（14）"固定资产账面价值"项目，反映小企业固定资产原价扣除累计折旧后的余额。本项目应根据"固定资产"账户的期末余额减去"累计折旧"账户的期末余额的金额分析填列。

（15）"在建工程"项目，反映小企业期末各项未完工工程或虽已完工，但尚未办理竣工结算的工程的成本。本项目应根据"在建工程"账户的期末余额填列。

（16）"工程物资"项目，反映小企业尚未使用的各项工程物资的实际成本。本项目应根据"工程物资"账户的期末余额填列。

（17）"固定资产清理"项目，反映小企业因出售、毁损、报废等原因转入清理但尚未清理完毕的固定资产的净值，以及固定资产清理过程中所发生的清理费用和变价收入等各项金额的差额。本项目应根据"固定资产清理"账户的期末借方余额填列，如"固定资产清理"账户期末为贷方余额，以"-"号填列。

（18）"无形资产"项目，反映小企业持有的无形资产，主要包括专利权、非专利技术、商标权、著作权、土地使用权等的账面价值。本项目应根据"无形资产"的期末余额，减去"累计摊销"账户期末余额后的金额填列。

（19）"开发支出"项目，反映小企业开发无形资产过程中能够资本化形成无形资产成本的支出部分。本项目应当根据"研发支出"账户中所属的"资本化支出"明细账户期末余额填列。

（20）"长期待摊费用"项目，反映小企业已经发生但应由本期和以后各期负担的分摊期限在一年以上的各项待摊费用，包括尚未摊销完毕的已提足折旧的固定资产的改建支出、经营租入固定资产的改建支出、固定资产的大修理支出和其他长期待摊费用。本项目应根据"长期待摊费用"账户的期末余额填列。

（21）"其他非流动资产"项目，反映小企业除长期债券投资、长期股权投资、固定资产、在建工程、工程物资、无形资产等以外的其他非流动资产。本项目应根据有关账户的期末余额分析填列。

2.负债项目的填列说明

（1）"短期借款"项目，反映小企业向银行或其他金融机构等借入的期限在一年以下（含一年）的各种借款。本项目应根据"短期借款"账户的期末余额填列。

（2）"应付票据"项目，反映小企业购买材料、商品和接受劳务供应等经营活动而开出、承兑的商业汇票，主要包括银行承兑汇票和商业承兑汇票。本项目应根据"应付票据"账户的期末余额填列。

（3）"应付账款"项目，反映小企业因购买材料、商品和接受劳务供应等经营活动应支付的款项。本项目应根据"应付账款"和"预付账款"账户所属各明细账户的期末贷方余额合计数填列，即：应付账款项目＝"应付账款"明细分类账户贷方余额合计＋"预付账款"明细分类账户贷方余额合计。

如"应付账款"账户、"预付账款"账户所属明细账户期末有借方余额的，应在本表"预付账款"项目内填列。

（4）"预收账款"项目，反映小企业按照合同规定预付给供应单位的款项。本项目应根据"预收账款"和"应收账款"账户所属各明细账户的期末贷方余额合计数填列，即：预收账款项目＝"预收账款"明细分类账户贷方余额合计＋"应收账款"明细分类账户贷方余额合计。

如"预收账款"账户、"应收账款"账户所属各明细账户期末有借方余额的，应在本表"应收账款"项目内填列。

（5）"应付职工薪酬"项目，反映小企业根据有关规定应付给职工的工资、职工福利、社会保险费、住房公积金、工会经费、职工教育经费等各种薪酬。本项目应当根据"应付职工薪酬"账户的期末余额填列。

（6）"应交税费"项目，反映小企业按照税法规定计算应缴纳的各种税费，主要包括增值税、消费税、企业所得税、资源税、土地增值税、城市维护建设税、房产税、土地使用税、车船税、教育费附加、地方教育附加、矿产资源补偿费等。小企业代扣代交的个人所得税，也通过本项目列示。小企业所缴纳的不需要预计应交数的税金，如印花税、耕地占用税、车辆购置税等，不在本项目列示。本项目应根据"应交税费"账户的期末贷方余额填列，如"应交税费"账户期末为借方余额，应以"－"号填列。

（7）"应付利息"项目，反映小企业尚未支付的利息费用。本项目应当根据"应付利息"账户的期末余额填列。

（8）"应付利润"项目，反映小企业尚未向投资者支付的利润。本项目应根据"应付利润"账户的期末余额填列。

（9）"其他应付款"项目，反映小企业除应付票据、应付账款、预收账款、应付职工薪酬、应交税费、应付利息、应付利润等以外的其他各项应付、暂收的款项。本项目应根据"其他应付款"账户的期末余额填列。

（10）"其他流动负债"项目，反映小企业除以上流动负债以外的其他流动负债，如将于一年内偿还的长期借款。本项目应根据有关账户的期末余额分析填列。

（11）"长期借款"项目，反映小企业向银行或其他金融机构借入的期限在一年以上（不含一年）的各项借款。本项目应根据"长期借款"账户的期末余额分析填列。

（12）"长期应付款"项目，反映小企业除长期借款以外的其他各种应付未付的长期应付款项。本项目应根据"长期应付款"账户的期末余额分析填列。

（13）"递延收益"项目，反映小企业收到的、应在以后期间记入损益的政府补助。本项目应根据"递延收益"账户的期末余额分析填列。

（14）"其他非流动负债"项目，反映小企业除长期借款、长期应付款、递延收益等项目以外的其他非流动负债。本项目应根据有关账户的期末余额填列。

3．所有者权益项目的填列说明

（1）"实收资本（或股本）"项目，反映小企业各投资者实际投入的、构成小企业实收资本（或股本）的部分。本项目应根据"实收资本"（或"股本"）账户的期末余额填列。

（2）"资本公积"项目，反映小企业资本公积的期末余额。本项目应根据"资本公积"账户的期末余额填列。

（3）"盈余公积"项目，反映小企业盈余公积的期末余额。本项目应根据"盈余公积"账户的期末余额填列。

（4）"未分配利润"项目，反映小企业尚未分配的利润。本项目应根据"本年利润"账户和"利润分配"账户的余额计算填列。未弥补的亏损在本项目内以"-"号填列。即有以下四种情形：

未分配利润项目＝"本年利润"账户贷方余额＋"利润分配"账户贷方余额

未分配利润项目＝"本年利润"账户贷方余额 －"利润分配"账户借方余额（如果结果小于零，以负数填列）

未分配利润项目＝－"本年利润"账户借方余额 －"利润分配"账户借方余额（以负数填列）

未分配利润项目＝－"本年利润"账户借方余额＋"利润分配"账户贷方余额（如果结果小于零，以负数填列）

任务三　利润表

一、利润表的概念和意义

（一）利润表的概念

利润表又称为损益表，是反映企业在一定会计期间的经营成果的财务报表。利润表编制的理论依据是"收入－费用＝利润"的会计等式，即它是根据"收入－费用＝利润"的等式来编制的。利润表属于动态财务报表。

（二）利润表的意义

1.通过利润表可以从总体上了解企业收入、成本和费用及净利润（亏损）的实现及构成情况。通过利润表可以反映企业一定会计期间的收入实现情况，如实现的营业收入、投资收益各有多少；可以反映一定会计期间的费用耗费情况，如耗费的营业成本、税金及附加、销售费用、管理费用、财务费用各有多少等。

2.可以分析企业的获利能力及利润的未来发展趋势，了解投资者投入资本的保值增值的情况。将利润表与资产负债表中的信息结合，可以提供财务分析的基本资料。

二、利润表的格式

1.利润表由表首和正表组成。其中，正表是利润表的主体和核心。

2.利润表的格式主要有多步式利润表和单步式利润表两种。我国利润表采用多步式，即通过对当期的收入、费用、支出项目按性质加以归类，按利润形成的主要环节列示一些中间性利润指标，分步计算当期净损益。

根据《小企业会计准则》，小企业利润表的格式如表5-6所示。

表 5-6 利润表

会小企 02 表

编制单位：   年   月   单位：元

项 目	行次	本年累计金额	本月金额
一、营业收入	1		
减：营业成本	2		
税金及附加	3		
其中：消费税	4		
城市维护建设税	5		
资源税	6		
土地增值税	7		
城镇土地使用税、房产税、车船税、印花税	8		
教育费附加、矿产资源补偿费、排污费	9		
销售费用	10		
其中：商品维修费	11		
广告费和业务宣传费	12		
管理费用	13		
其中：开办费	14		
业务招待费	15		
研究费用	16		
财务费用	17		
其中：利息费用（收入以"-"号填列）	18		
加：投资收益（损失以"-"号填列）	19		
二、营业利润（亏损以"-"号填列）	20		
加：营业外收入	21		
其中：政府补助	22		
减：营业外支出	23		
其中：坏账损失	24		
无法收回的长期债券投资损失	25		
无法收回的长期股权投资损失	26		
自然灾害等不可抗力因素造成的损失	27		
税收滞纳金	28		
三、利润总额（亏损总额以"-"号填列）	29		
减：所得税费用	30		
四、净利润（净亏损以"-"号填列）	31		

依据《小企业会计准则》，利润按构成内容不同，主要分为营业利润、利润总额和净利润。小企业可以分如下三个步骤编制利润表：

第一步，以营业收入为基础，减去营业成本、税金及附加、销售费用、管理费用、财务费用，加上投资收益（减去投资损失），计算出营业利润，即营业利润＝营业收入－营业成本－税金及附加－销售费用、管理费用和财务费用＋投资收益（－投资损失）。

第二步，以营业利润为基础，加上营业外收入，减去营业外支出，计算出利润总额；即利润总额＝营业利润＋营业外收入－营业外支出。

第三步，以利润总额为基础，减去所得税费用，计算出净利润（或净亏损）；即净利润＝利润总额－所得税费用。

三、利润表的编制方法

（一）利润表各项目的填列方法

利润表中各项目的数据来源主要是根据损益类账户的发生额分析填列。对于年度利润表而言：

1. "上年金额"栏内各数字，根据上年度利润表"本期金额"栏填列或调整填列

2. "本年金额"栏的填报方法

（1）"营业收入"项目，反映小企业经营主营业务和其他业务所确认的收入总额。本项目应根据"主营业务收入"和"其他业务收入"账户的发生额分析填列。

（2）"营业成本"项目，反映小企业经营主营业务和其他业务所发生的成本总额。本项目应根据"主营业务成本"和"其他业务成本"账户的发生额分析填列。

（3）"税金及附加"项目，反映小企业经营业务应负担的消费税、城市建设维护税、资源税、土地增值税和教育费附加等。本项目应根据"税金及附加"账户的发生额分析填列。

（4）"销售费用"项目，反映小企业在销售商品过程中发生的包装费、广告费等费用和为销售本企业商品而专设的销售机构的职工薪酬、业务费等经营费用。本项目应根据"销售费用"账户的发生额分析填列。

（5）"管理费用"项目，反映小企业为组织和管理生产经营发生的管理费用。本项目应根据"管理费用"的发生额分析填列。

（6）"财务费用"项目，反映小企业筹集生产经营所需资金等而发生的筹资费用。本项目应根据"财务费用"账户的发生额分析填列。

（7）"投资收益"项目，反映小企业以各种方式对外投资所取得的收益。本项目应根据"投资收益"账户的发生额分析填列。如为投资损失，本项目以"－"号填列。

（8）"营业利润"项目，反映小企业实现的营业利润。如为亏损，本项目以"－"号填列。

（9）"营业外收入"项目，反映小企业发生的与经营业务无直接关系的各项收益。本项目应根据"营业外收入"账户的发生额分析填列。

（10）"营业外支出"项目，反映小企业发生的与经营业务无直接关系的各项支出。本项目应根据"营业外支出"账户的发生额分析填列。

（11）"利润总额"项目，反映小企业实现的利润总额。如为亏损，本项目以"－"号填列。

（12）"所得税费用"项目，反映小企业应从当期利润总额中扣除的所得税费用。本项目应根据"所得税费用"账户的发生额分析填列。

（13）"净利润"项目，反映小企业实现的净利润。如为亏损，本项目以"-"号填列。

四、利润表各项目编制技巧

1. 利润的相关计算公式

营业利润＝营业收入－营业成本－税金及附加－销售费用－管理费用－财务费用＋投资收益（－投资损失）

其中：营业收入＝主营业务收入＋其他业务收入；营业成本＝主营业务成本＋其他业务成本

利润总额＝营业利润＋营业外收入－营业外支出

净利润＝利润总额－所得税费用

2. 左右两栏金额的填列

"本期金额"栏反映各项目的本期实际发生数，应根据相关账簿的发生额分析填列。

月度利润表的"本期（月）金额"反映各项目的本月实际发生额；"本年累计金额"栏反映各项目自年初起至本月末的累计实际发生额，本栏可根据上月利润表各项目的"本年累计金额"栏金额加上本月利润表的"本期（月）金额"栏金额填列。

年度利润表的"本期（年）金额"反映各项目的本年度实际发生额（即12月份利润表的"本年累计金额"栏金额）；"上期（年）金额"栏反映各项目上年度实际发生额，本栏可根据上年度利润表各项目的"本期（年）金额"栏金额分析填列。

【练习与提高】

一、填空题

1. 年度财务报表一般包括＿＿＿＿＿＿＿＿＿＿＿、＿＿＿＿＿＿＿＿＿、现金流量表、所有者权益变动表、财务报表附注等。

2. ＿＿＿＿＿＿＿＿＿＿是反映企业在某一特定日期的财务状况的报表。

3. ＿＿＿＿＿＿＿＿＿是反映企业在一定会计期间的经营成果的报表。

4. ＿＿＿＿＿＿＿＿是对在财务报表中列示项目所做的进一步说明，以及对未能在这些报表中列示项目的说明等。

5. 财务报表的编制要求＿＿＿＿＿＿＿、＿＿＿＿＿＿＿、＿＿＿＿＿＿＿、＿＿＿＿＿＿＿、＿＿＿＿＿＿＿。

6. 资产负债表通常有两种格式，即＿＿＿＿＿＿＿和＿＿＿＿＿＿＿。我国资产负债表采用＿＿＿＿＿＿＿。

7. 利润表的格式主要有＿＿＿＿＿＿＿和＿＿＿＿＿＿＿两种。我国企业的利润表采用＿＿＿＿＿＿＿。

二、单项选择题

1. 下列各项中，不属于中期财务报表的是（　　　）。
　　A. 年报　　　　　　　B. 半年报　　　　　C. 季报　　　　　　　D. 月报

2. 资产负债表中的（　　）项目应根据"应收账款"和"预收账款"账户所属各明细账户的期末借方余额合计填列。
　　A. 应付账款　　　B. 预付账款　　　C. 应收账款　　　D. 预收账款

3. 资产负债表中的（　　）项目应根据"预收账款"和"应收账款"账户所属各明细账户的期末贷方余额合计数填列。
　　A. 应付账款　　　B. 预付账款　　　C. 应收账款　　　D. 预收账款

4. 资产负债表中的"货币资金"项目，应根据（　　　）。
　　A. "库存现金"账户的期末借方余额直接填列
　　B. "银行存款"账户的期末借方余额直接填列
　　C. "库存现金""银行存款"账户的期末借方余额之和填列
　　D. "库存现金""银行存款""其他货币资金"账户期末借方余额之和填列

5. 资产负债表中的资产项目是按照各项资产的（　　　）进行排列的。
　　A. 重要性强弱　　　B. 流动性大小　　　C. 变动性大小　　　D. 金额大小

6. 按照财务报表反映的经济内容分类，资产负债表属于反映（　　　）的报表。
　　A. 某一特定日期的财务状况　　　　　　B. 某一会计期间的经营成果
　　C. 某一会计期间的现金流量　　　　　　D. 某一会计期间的财务状况

7. 关于资产负债表的格式，以下说法不正确的是（　　　）。

    A. 资产负债表主要有报告式和账户式

    B. 我国资产负债表采用报告式

    C. 资产负债表分为左右两方，左侧为资产，右侧为负债和所有者权益

    D. 负债按照债务偿还期的长短排列

8. 我国企业的利润表采用（　　）格式。

    A. 报告式　　　　　　B. 单步式　　　　　　C. 账户式　　　　　　D. 多步式

9. 2019 年 12 月 31 日，甲公司"应付账款"账户为贷方余额 350 000 元，其所属明细账户的贷方余额合计为 400 000 元，所属明细账户的借方余额合计为 50 000 元；"预付账款"账户为借方余额 100 000 元，其所属明细账户的借方余额合计为 160 000 元，所属明细账户的贷方余额为 60 000 元。甲公司的资产负债表中，"应付账款"和"预付账款"两个项目的期末余额分别应为（　　）。

    A. 560 000 元和 110 000 元　　　　　　B. 460 000 元和 210 000 元

    C. 240 000 元和 10 000 元　　　　　　D. 350 000 元和 100 000 元

10. 编制财务报表时，以"收入－费用＝利润"这一会计等式作为编制依据的财务报表是（　　）。

    A. 利润表　　　　　　　　　　　　　　B. 所有者权益变动表

    C. 资产负债表　　　　　　　　　　　　D. 现金流量表

11. 不会引起营业利润增减变化的是（　　）。

    A. 财务费用　　　　　B. 销售费用　　　　C. 营业外支出　　　D. 管理费用

12. 不会引起利润总额增减变化的是（　　）。

    A. 财务费用　　　　　　　　　　　　　B. 所得税费用

    C. 营业外支出　　　　　　　　　　　　D. 管理费用

13. 属于企业对外提供的静态报表是（　　）。

    A. 利润表　　　　　　　　　　　　　　B. 所有者权益变动表

    C. 资产负债表　　　　　　　　　　　　D. 现金流量表

14. 下列报表中，反映某一会计期间经营成果的报表是（　　）。

    A. 资产负债表　　　　　　　　　　　　B. 利润表

    C. 现金流量表　　　　　　　　　　　　D. 财务报表附注

15. 下列等式与利润表无关的是（　　）。

    A. 营业收入＝主营业务收入＋其他业务收入

    B. 营业利润＝营业收入－营业成本－税金及附加－销售费用－管理费用－财务费用＋投资收益（－投资损失）

    C. 利润总额＝营业利润＋营业外收入－营业外支出

    D. 净利润＝利润总额－税金及附加

16. 利润表的主要项目不包括（　　）。

    A. 营业利润　　　　　B. 利润总额　　　　C. 净利润　　　　　D. 所有者权益

三、判断题

（　　　）1. 资产负债表是反映企业在某一特定日期的财务状况的动态报表。

（　　　）2. 利润表是反映企业在一定会计期间的经营成果的静态报表。

（　　）3.财务报表可以分为年度财务报表和中期财务报表。

（　　）4.企业的财务会计报告指的就是财务报表。

（　　）5.财务报表是财务会计报告的主要部分，包括资产负债表、利润表、现金流量表和所有者权益变动表及其附注。

（　　）6.在实际工作中为了使财务报表及时报送，企业可以提前结账。

（　　）7.资产负债表分为左右两方，左侧为资产项目，一般按照各项资产的流动性的大小或变现能力的强弱进行排列。

（　　）8.资产负债表中的"货币资金"项目，应根据"库存现金"和"其他货币资金"账户期末余额的合计数填列。

（　　）9.预付账款和预收账款都属于企业的资产，在性质和功能上类似，因此可以合并列报在资产负债表中。

（　　）10.如果"预付账款"账户所属各明细账户期末有贷方余额的，应在资产负债表"应付账款"项目内填列。

（　　）11.如果"预收账款"账户所属各明细账户期末有借方余额的，应在资产负债表"应收账款"项目内填列。

（　　）12.资产负债表中的"应交税费"项目，反映企业按照税法规定计算应交纳的各种税费，包括增值税、消费税、企业所得税等。

（　　）13.2019 年 6 月 30 日，某公司"本年利润"账户为贷方余额 195 000 元，"利润分配"账户为贷方余额 32 000 元，则编制的半年度资产负债表中，"未分配利润"项目的期末余额应为 163 000 元。

❖ 【项目学习评价】

表 5-16　项目学习评价

成功之处	
不足之处	
改进措施	

项目六 餐饮业企业采购与付款业务的会计核算

❖ 【项目学习目标、方法、建议学时】

表 6-1 项目学习目标、方法、建议学时

	学习目标	学习方法	建议学时
知识目标	1. 掌握企业常见原材料采购业务的账务处理 2. 掌握企业常见库存商品采购业务的账务处理	结合例题理解与掌握会计账户,学习餐饮业基础经济业务的处理	
技能目标	1. 熟练掌握基础原材料、库存商品采购业务的会计分录 2. 掌握对原材料、库存商品采购业务第三方支付方式进行会计核算	通过典型例题导入;通过对餐饮业基础经济业务的练习,掌握会计分录的书写	6
情感态度价值观目标	引导学生在会计核算中建立严谨的工作态度、诚信的价值观	在学与做中进行道德体悟,培养学生了解会计规范,养成会计严谨的工作作风	

任务一　原材料业务的核算

根据国家统计局修订的《统计上大中小微型企业划分办法（2017）》，按照行业门类，依据从业人员、营业收入、资产总额等指标，我国的企业主要划分为大型、中型、小型、微型等四种类型。餐饮业是社会生活中常见的行业，餐饮业企业的划分标准如表6-2所示：

表6-2　餐饮业企业的划分标准

行业名称	指标名称	计量单位	大型（同时满足）	中型（同时满足下限）	小型（同时满足下限）	微型
餐饮业	从业人员（X）	人	X≥300	100≤X<300	10≤X<100	X<10
	营业收入（Y）	万元	Y≥10000	2000≤Y<10000	100≤Y<2000	Y<100

小型、微型企业一般采用《小企业会计准则》，大中型企业一般采用《企业会计准则》。依据中等职业学校会计专业学生就业实际，本项目依据《小企业会计准则》编写。

餐饮企业规模不同，管理要求不同，组织结构差异也较大。对中餐企业而言，通常加工部门负责菜肴的初加工，主要包括洗菜、选菜、宰杀畜、禽、鱼和干货发泡等；配菜部门负责菜肴的中加工，主要包括切配、调味、腌渍、成型等；炉灶部门负责菜品的完成，是餐饮企业的核心部门；冷菜（凉菜）部门负责冷菜（凉菜）及水果拼盘等的制作；面点部门负责面点、主食、糕点等的制作。供应环节是餐饮企业经营活动的起点，在供应过程中，企业需用货币资金采购各种物资，主要包括原材料、燃料、低值易耗品等。本项目学习餐饮业企业的采购与付款业务的会计核算，任务一围绕原材料的采购与付款展开。

餐饮企业的原材料可分为粮食类、鲜活类、干货类、调味类等。原材料采购成本包括购入原材料支付的买价和采购费用（如原材料购入过程中的运输费、装卸费、保险费，运输途中的合理损耗以及入库前的挑选整理费等，但不含按照税法规定可以抵扣的增值税进项税额）。

一、常用账户

（一）"在途物资"账户

"在途物资"账户属于资产类账户，用来核算企业采用实际成本（或进价）进行材料和商品等物资的日常核算、货款已付但尚未入库的在途物资的采购成本。①借方登记购入材料、商品等物资的买价和采购费用（实际采购成本）；②贷方登记已验收入库材料、商品等物资应结转的实际采购成本；③期末为借方余额，表示企业期末在途材料、商品等物资的采购成本。④按照供应单位或物资品种进行明细核算。

（二）"原材料"账户

"原材料"账户属于资产类账户，主要用来核算企业库存的各种材料的增减变动及其结存的实际成本。①借方登记已验收入库材料的实际成本或计划成本；②贷方登记所发出材料的实际成本或计划成本；③期末为借方余额，表示结存材料的实际成本或计划成本。④按照材料的保管地点（仓库）、种类、名称和规格型号进行明细核算。

（三）"应付账款"账户

"应付账款"账户属于负债类账户，主要用来核算企业因采购材料、商品和接受劳务而与供应单位发生的结算债务的增减变动及其余额。①贷方登记企业因购入材料、商品和接受劳务等尚未支付的款项；②借方登记偿还的应付账款；③期末余额一般在贷方，表示企业期末尚未支付的应付账款余额，如果是借方余额，则表示企业期末预付账款的余额；④按照供应单位进行明细核算。

二、账务处理举例

原材料采购通常有以下几种情况：

1. 发票账单与材料同时到达

餐饮企业在本地采购原材料时，经常采用"一手交钱，一手交货"的方式，如例6-1。

【例6-1】2019年6月16日，××××饮食有限公司（假定企业对原材料采用实际成本法；企业属于增值税小规模纳税人，不得抵扣进项税额。下同）从华中商城购入王守义十三香一批，货款226元，款项以现金支付，王守义十三香已入库。

依据发票账单编制会计分录如下：

借：原材料——调料   226

    贷：库存现金   226

如果餐饮企业在本地采购原材料，金额较大或达到转账结算起点时，应通过银行存款结算。

【例6-2】2019年6月18日，××××饮食有限公司从甲公司购入面粉一批，货款6 000元，款项开出转账支票支付，面粉已入库。

编制会计分录如下：

借：原材料——粮食   6 000

    贷：银行存款   6 000

如果餐饮企业采用第三方支付的方式（如支付宝、微信），账务处理可参考例6-3。

【更上层楼】

　　餐饮企业经常采用第三方支付的方式结算，如支付宝、微信。如果使用支付宝账户的"余额"或微信的"零钱"支付，应当使用"其他货币资金"账户核算。如果使用支付宝账户的"余额宝"或微信的"零钱通"支付，实际是用所对应的货币基金支付，执行《企业会计准则》的企业应当使用"交易性金融资产"账户核算，执行《小企业会计准则》的企业应当使用"短期投资"账户核算。如果使用支付宝或微信关联的银行账户支付，应当使用"银行存款"账户核算。

　　本书对支付宝或微信支付，假定使用"其他货币资金"账户核算。

　　【例6-3】2019年6月20日，××××饮食有限公司从甲公司购入大葱一批，重200公斤，单价2元。款项通过微信支付，大葱已收到。

　　编制会计分录如下：

　　借：原材料——鲜活类　　　　　　　　　　　　　　　　　　　　400
　　　　贷：其他货币资金——微信　　　　　　　　　　　　　　　　　400

　　餐饮企业在采购原材料时，如果收到材料之后，跨月才付款，应使用"应付账款"账户进行账务处理。此种情形，常常是供货商送货给餐饮企业，这样减少了采购员的劳动量，可以占用供货商部分资金，减少资金支付压力。

　　【例6-4】2019年7月17日，××××饮食有限公司从旭日公司购入锡纸一批，价款1 300元，硅油纸一批，货款1 500元，购入的商品需承担运费70元。款项尚未支付，材料已入库，发票账单已到。公司的运费按商品价款分配。

　　运费分配率＝70÷（1 300＋1 500）＝0.025
　　锡纸应分摊的运费＝1 300×0.025＝32.50（元）
　　硅油纸应分摊的运费＝1 500×0.025＝37.50（元）

　　根据分配结果编制会计分录如下：

　　借：原材料——其他——锡纸　　　　　　　　　　　　　　　　　1 332.50
　　　　　　　——其他——硅油纸　　　　　　　　　　　　　　　　1 537.50
　　　　贷：应付账款——旭日公司　　　　　　　　　　　　　　　　2 870.00

　　【例6-5】2019年8月18日，××××饮食有限公司向旭日公司支付购入的锡纸和硅油纸的货款1 870元。

　　编制会计分录如下：

　　借：应付账款——旭日公司　　　　　　　　　　　　　　　　　　1 870
　　　　贷：银行存款　　　　　　　　　　　　　　　　　　　　　　1870

　　如果材料的进货费用分不清受益对象，或者品种较多而分配困难，可将进货费用记入"销售费用"账户。

　　2.发票账单先到，材料后到

　　餐饮企业先收到发票账单，后收取材料。如果收到发票账单与收到材料在同一个会计期间（同月），为简化核算，可以待收到材料时按照"发票账单与材料同时到达"的情形进行处理。如果，收到发票账单之后，跨月才收到材料，应使用"在途物资"账户进行账务处理。

【例6-6】2019年6月29日,××××饮食有限公司从温州千岛湖公司购入水产品一批,价款8 000元。款项通过支付宝支付,该批原材料月末尚未收到。

编制会计分录如下:

借:在途物资 8 000

    贷:其他货币资金——支付宝 8 000

【例6-7】续【例6-6】,2019年7月2日,从温州千岛湖公司购入的水产品到货,验收无误确认付款。

编制会计分录如下:

借:原材料——鲜活类 8 000

    贷:在途物资 8 000

3.材料先到,发票账单后到

餐饮企业先收取材料,后收到发票账单。如果收到材料与收到发票账单在同一个会计期间(同月),为简化核算,可以待收到材料并收到发票账单时按照"发票账单与材料同时到达"的情形处理。如果收到材料之后,跨月才收到发票账单,应先按暂估价值入账,借记"原材料"账户,贷记"应付账款——暂付应付账款"账户;在下月初再做相反的会计分录予以冲回;等收到发票账单后再按照发票账单的金额记账,借记"原材料"等账户,贷记"银行存款""应付账款"或"应付票据"等账户。

【例6-8】2019年7月18日,××××饮食有限公司从洋溢商贸公司采购干人参一批,到达企业验收无误入库。直至月底,款项未支付,发票账单未收到。根据采购合同,估计价值2 000元。

账务处理如下:

(1)7月18日,暂不做账务处理。

(2)7月底编制会计分录如下:

借:原材料——干货类 2 000

    贷:应付账款——暂付应付账款 2 000

(3)8月初,用红字会计凭证予以冲销:

借:原材料——干货类 2 000(红字)

    贷:应付账款——暂付应付账款 2 000(红字)

【例6-9】续【例6-8】,2019年8月8日,××××饮食有限公司从洋溢商贸公司采购干人参的发票账单收到,列示价值2 040元。款项通过微信支付。

借:原材料——干货类 2 040

    贷:其他货币资金——微信 2 040

任务二　库存商品业务的核算

餐饮企业往往附设柜台、商品部、商场等销售饮料、小零食等商品。商品往往不需要经过加工即可直接销售。同餐饮原材料类似,餐饮企业的库存商品可以由采购员自行采购,也可以由签约的供货商送货。

一、常用账户

（一）"库存商品"账户

用来核算企业库存的各种商品的实际成本（或进价）或计划成本（或售价），主要包括库存产成品、外购商品、存放在门市部准备出售的商品、发出展览的商品以及寄存在外的商品等。①借方登记验收入库的库存商品成本；②贷方登记发出的库存商品成本；③期末为借方余额，主要表示企业期末库存商品的实际成本（或进价）或计划成本（或售价）；④按照商品的种类、品种和规格型号进行明细核算。

（二）"应付票据"账户

用来核算企业购买材料、商品和接受劳务等开出、承兑的商业汇票，包括银行承兑汇票和商业承兑汇票。①贷方登记企业开出、承兑的商业汇票；②借方登记企业已经支付或者到期无力支付的商业汇票；③期末余额在贷方，表示企业尚未到期的商业汇票的票面金额。

（三）"预付账款"账户

用来核算企业因按照购货合同规定，向供应单位预付购货款项而与供应单位发生的债权结算的增减变动及其余额。①借方登记企业向供应单位的预付款项，表明债权的增加；②贷方登记收到供应单位的供货时应冲销的预付款项，表明债权的减少；③期末如有借方余额，表示企业尚未收到货物的预付款项，如有贷方余额，表示企业收到货物的款项大于预付款项尚未补付的购货款；④按照供应单位设置明细账，进行明细核算。

二、账务处理举例

与原材料采购类似，库存商品采购通常也有以下几种情况：

（一）发票账单与商品同时到达

【例6-10】2019年8月16日，××××饮食有限公司从华夏商城购入冰红茶一批，货款7 000元。款项用银行存款支付，发票账单已收到，塑料玩具已入库。

编制会计分录如下：

借：库存商品——冰红茶　　　　　　　　　　　　　7 000

　　贷：银行存款　　　　　　　　　　　　　　　　　　　7 000

收到商品之后，跨月才付款的，应使用"应付账款"账户进行账务处理；如果使用商业汇票（商业承兑汇票或银行承兑汇票）结算，应使用"应付票据"账户进行账务处理。

【例6-11】2019年9月21日，××××饮食有限公司从红云公司购入砂糖橘一批，货款500元；香蕉一批，货款400元。已开出商业承兑汇票一张，商品已验收入库。

编制会计分录如下：

借：库存商品——砂糖橘　　　　　　　　　　　　　　500

　　　　　　——香蕉　　　　　　　　　　　　　　　　400

贷：应付票据——红云公司　　　　　　　　　　　　　　　　　900

（二）发票账单先到，商品后到

与采购材料类似，餐饮企业先收到发票账单，后收取商品。如果收到发票账单与收到商品在同一个会计期间（同月），为简化核算，可以待收到商品时按照"发票账单与商品同时到达"的情形处理；如果，收到发票账单后，跨月才收到商品，应使用"在途物资"账户进行账务处理。

【例6-12】2019年8月19日，××××饮食有限公司从武汉东湖公司买一批矿泉水，价款9 900元。款项通过支付宝支付，该批商品月末尚未收到。

依据付款记录、对方开来的发票等编制会计分录如下：

借：在途物资　　　　　　　　　　　　　　　　　　　　　　9 900

　　贷：其他货币资金——支付宝　　　　　　　　　　　　　　　　9 900

【例6-13】续【例6-12】，2019年9月2日，从武汉东湖公司购入的矿泉水到货，验收无误。

编制会计分录如下：

借：库存商品——矿泉水　　　　　　　　　　　　　　　　　9 900

　　贷：在途物资　　　　　　　　　　　　　　　　　　　　　　9 900

（三）商品先到，发票账单后到

与采购材料类似，餐饮企业先收取商品，后支付商品款。如果收到商品与付款在同一个会计期间（同月），为简化核算，可以待收到商品并支付款项时按照"付款与收料同时发生"的情形处理。

餐饮企业先收取商品，后收到发票账单：如果收到商品与收到发票账单在同一个会计期间（同月），为简化核算，可以待收到商品并收到发票账单时按照"发票账单与商品同时到达"的情形处理。如果收到商品之后，跨月才收到发票账单，应先按暂估价值入账，借记"库存商品"账户，贷记"应付账款——暂付应付账款"账户；在下月初再做相反的会计分录予以冲回；等收到发票账单后再按照发票账单的金额记账，借记"库存商品"等账户，贷记"银行存款""应付账款"或"应付票据"等账户。

【例6-14】2019年9月23日，××××饮食有限公司从大洋公司采购鱼罐头一批，到达企业验收无误入库。直至月底，款项未支付，发票账单未收到。根据采购合同，估计价值800元。

账务处理如下：

（1）9月23日，暂不做账务处理。

（2）9月底编制会计分录如下：

借：库存商品——鱼罐头　　　　　　　　　　　　　　　　　800

　　贷：应付账款——暂付应付账款　　　　　　　　　　　　　　　800

（3）10月初，用红字会计凭证予以冲销：

借：库存商品——鱼罐头　　　　　　　　　　　　　　800（红字）

贷：应付账款——暂付应付账款 　　　　　　　　　　　　800（红字）

【例6-15】续【例6-14】，2019年10月8日，××××饮食有限公司从大洋公司采购的鱼罐头的发票账单收到，列示价值800元。款项尚未支付。

编制会计分录如下：

借：库存商品——鱼罐头 　　　　　　　　　　　　　　800

　　贷：应付账款——大洋公司 　　　　　　　　　　　　800

（四）预付账款采购

如果按照合同，企业需要预付货款购进商品，此类业务的核算需要使用"预付账款"账户。

【例6-16】2019年10月20日，××××饮食有限公司准备从星海公司购入牛奶一批。按照购销合同规定，向星海公司预付货款1 600元。

依据付款记录、对方开来的收据等编制会计分录如下：

借：预付账款——星海公司 　　　　　　　　　　　　1 600

　　贷：银行存款 　　　　　　　　　　　　　　　　　1 600

【例6-17】续【例6-16】，2019年10月20日，××××饮食有限公司从星海公司购入的牛奶到货。按照购销合同验收无误，总货款6 600元。

依据发票、入库单等编制会计分录如下：

借：库存商品——牛奶 　　　　　　　　　　　　　　6 600

　　贷：预付账款 　　　　　　　　　　　　　　　　　6 600

依据付款记录等编制补付货款的会计分录如下：

借：预付账款 　　　　　　　　　　　　　　　　　　5 000

　　贷：银行存款 　　　　　　　　　　　　　　　　　5 000

【更上层楼】

原材料的采购也可以使用商业汇票结算，使用"应付票据"账户核算；也可以预付账款采购，使用"预付账款"账户核算。

【练习与提高】

一、填空题

1. 企业外购材料由于支付方式不同，原材料入库的时间与付款的时间可分为三种情形，即发票账单与材料同时到达、_____和_____。

2. 餐饮企业可能通过附设_____、_____、_____等销售商品。

3. 在材料先到，发票账单后到的情况下，如果收到材料之后，跨月才收到发票账单，应先按_____入账，借记"_____"账户，贷记"应付账款——暂付应付账款"账户。

4. 企业购买材料、商品和接受劳务等可能开出、承兑商业汇票，包括银行承兑汇票和商业承兑汇票，此时要贷记"_____"账户。

二、单项选择题

1. "原材料"账户核算的内容包括（　　）。
   A. 企业实际收到的投资者投资　　　　B. 库存现金
   C. 菜品的主料　　　　　　　　　　　D. 欠供应商的货款

2. 一笔业务，借记"在途物资"账户，贷方不会记录（　　）。
   A. 银行存款　　　　　　　　　　　　B. 库存现金
   C. 主营业务成本　　　　　　　　　　D. 其他货币资金

3. 餐饮企业购进的直接对外销售的工艺品应借记"（　　）"。
   A. 银行存款　　　　　　　　　　　　B. 库存商品
   C. 主营业务成本　　　　　　　　　　D. 主营业务收入

4. 餐饮企业采买的制作主食的大米、制作菜品的干菜属于（　　）。
   A. 库存商品　　　　　　　　　　　　B. 主营业务成本
   C. 原材料　　　　　　　　　　　　　D. 主营业务收入

5. 下列会计分录中，不可能发生的是（　　）。
   A. 借：预付账款
   　　　贷：银行存款
   B. 借：库存商品
   　　　贷：预付账款
   C. 借：预付账款
   　　　贷：实收资本
   D. 借：预付账款
   　　　贷：银行存款

三、判断题

（　　）1.餐饮企业的所有原材料都必须由采购员外出采购。

（　　）2.餐饮企业的原材料可分为粮食类、鲜活类、干货类、调味类等。

（　　）3.为提高效率，鲜活类原材料可以不入原材料库，直接交厨房使用。

（　　）4.因为批量采购会享受到供货商提供的折扣，所以采购数量越多越好。

（　　）5.使用支付宝采购商品时，会借记"库存商品"账户，贷记"其他货币资金"账户。

四、实训题

根据下列资料所给出的经济业务，编制会计分录。

1.原材料采购业务的核算

2019年10月，××餐饮公司（增值税小规模纳税人）发生以下与采购原材料有关的经济业务：

（1）1日，公司购入鸡肉100公斤，价款1400元，原材料验收入库，款项暂欠。

（2）20日，公司购入一批金针菇，当日运到并投入使用，价格600元。开出支票支付。

（3）12日，公司购进高精面粉一批，价款18 000元，其中，以银行存款支付10 000元，其余暂欠。原材料验收入库。

（4）28日，公司购入蔬菜一批，价值4 000元，其中，胡萝卜500千克，价值2 500元；大葱300千克，价值1 500元。公司开出商业承兑汇票结算全部款项。

（5）29日，以银行存款支付运费100元。公司按照重量分配运费。

（6）29日，蔬菜验收入库，无余缺。

2.库存商品采购业务的核算

2019年11月，××餐饮公司（增值税小规模纳税人）发生以下与采购有关的经济业务：

（1）1日，从甲公司购买酸奶100件，每件售价300元，计30 000元，款项尚未支付。

（2）8日，通过天猫线上购物平台采购牛轧糖伴手礼20件，每件100元，折扣后价款1980元，通过支付宝支付。10日，商品到达，验收无误，确认支付。

（3）15日，支付给金星公司货款30 000元。

（4）20日，公司预付给滑县食品公司货款3 000元，以购买道口烧鸡。

（5）25日，乙公司发运来道口烧鸡一批，价值5 000元，商品验收入库，无误。其余货品随后到达。

3.采购业务的核算进阶

2019年12月，××饭店（增值税小规模纳税人）发生以下与采购有关的经济业务：

（1）15日，公司从甲公司购进700元的桶装水和600元的瓶装水，物资验收入库，无溢缺。桶装水作为原材料管理，瓶装水作为库存商品管理。货款、税金均未支付。

（2）21日，公司购入豆腐皮一批，价值500元，其中油皮重300千克，价值1 350元；千张200千克，价值800元。另支付运费100元，公司按照重量分配运费。材料尚未入库。公司开出转账支票结算全部款项。

（3）29 日，公司购入牛油果一批，价款 2 000 元，另承担进口关税和保险费 250 元。款项以支付宝支付，作为原材料管理。

2020 年 1 月，××××饭店发生以下与采购有关的经济业务：

（4）1 日，采购的豆腐皮验收入库，其中油皮无差错，千张短缺 1 千克，按规定属于合理损耗。

（5）3 日，牛油果运到，无差错。

【项目学习评价】

表 6-3　项目学习评价

成功之处	
不足之处	
改进措施	

项目七　餐饮业企业销售与收款业务的会计核算

❖ 【项目学习目标、方法、建议学时】

表 7-1　项目学习目标、方法、建议学时

	学习目标	学习方法	建议学时
知识目标	1. 掌握企业常见销售与收款业务的会计账户 2. 掌握企业常见销售与收款业务的会计分录	结合例题理解与掌握会计账户,学习餐饮业基础销售与收款业务的处理	4
技能目标	1. 熟练掌握基础销售与收款业务的会计分录 2. 掌握销售与收款业务第三方支付方式进行会计核算	通过典型例题导入;通过对基础销售与收款业务的练习,掌握会计分录的书写	
情感态度 价值观目标	引导学生在会计核算中建立严谨的工作态度、诚信的价值观	在学与做中进行道德体悟,培养学生了解会计规范,养成会计严谨的工作作风	

任务一　食品销售与收款的核算

　　餐饮企业往往产销直接见面，对食品制作者有较高的技艺要求。多数餐饮企业的规模较小，经营方式灵活，更能及时地适应时代。小型、微型餐饮企业一般采用《小企业会计准则》，大中型企业一般采用《企业会计准则》。依据中等职业学校会计专业学生就业实际，本项目依据《小企业会计准则》编写。任务一围绕食品的销售与收款的会计核算展开，任务二围绕商品的销售与收款的会计核算展开。

一、餐饮企业常用的销售款结算方式

　　随着餐饮业的不断发展，餐饮企业的销售方式也在不断变化。餐饮企业常用的销售款项结算方式有以下几种：

（一）柜台售票（卡）收款

　　一些餐饮企业根据顾客所需食品的种类及相应的价格等收款开票，顾客就餐时持票购买相应的食品；也有企业借助预付卡的形式，预先收取顾客款项，顾客持卡购买食品，卡上金额多退少补。

（二）服务员开票收款

　　服务员到餐桌旁，顾客点餐，服务员开票、收款，然后由服务员负责到柜台结算，收款员在小票上签章后，一联送到厨房，另一联留存。在营业结束后，服务员与收款员分别统计所收的金额，核算无误，由服务员在收款员的"收款核对表"上签字证明。如果顾客使用银行卡，服务员需陪同顾客到柜台付款或借助移动 POS 终端收款；也可使用微信、支付宝等第三方支付的结算方式。

（三）先就餐后结算

　　顾客点餐、就餐，之后服务员按照食品明细算账向顾客收款。如果顾客使用银行卡，需陪同顾客到柜台付款或借助移动 POS 终端收款；也可使用微信、支付宝等第三方支付的结算方式。

（四）一手钱一手货

　　顾客直接在柜台以现金购买食品，或使用银行卡等，也可使用微信、支付宝等第三方支付的结算方式。

二、餐饮企业销售收入的核算

（一）销售与收款业务常用的账户

1. "主营业务收入"账户

"主营业务收入"账户用来核算餐饮企业因销售食品、商品等主营业务所实现的收入的发生和结转。①贷方登记本期实现的主营业务收入；②借方登记期末转入"本年利润"账户的主营业务收入转出数；③该账户在期末结转后应无余额；④按照主营业务类别等设置明细账，进行明细分类核算。

2. "主营业务成本"账户

"主营业务成本"账户用来核算餐饮企业与主营业务收入配比应确认的主营业务成本的发生和结转。①借方登记从"原材料""库存商品"账户转入的本期已销售食品、商品的成本；②贷方登记期末转入"本年利润"账户的本期已销售食品、商品成本的转出数；③该账户在期末结转后应无余额；④按照主营业务类别等设置明细账，进行明细分类核算。

3. "应收账款"账户

"应收账款"账户用来核算餐饮企业销售食品、商品等业务应向购买单位收取的款项。①借方登记由于销售等业务而产生的债权；②贷方登记已经收回的应收款项；③期末余额一般在借方，表示企业尚未收回的应收款项；如果出现贷方余额，则表示企业预收的款项；④按照债务单位或个人设置明细账，进行明细分类核算。

（二）一般销售与收款业务的核算

餐饮企业每天营业结束后，收款员应根据"收款核对表""收款登记表"等凭证，汇总编制"营业收入日报表"，与所收现金、POS机凭条等核对。核对无误，交由财会部门，或由收款员自行填写现金交款单将现金存入银行。销售收入的现金，如果有长短款，应在"营业收入日报表"中分别填列，不得以长补短。

【例7-1】××××饮食有限公司（假定企业属于增值税小规模纳税人，月末一次性分解计算增值税应纳税额，下同。根据企业的经营状况"主营业务收入"与"主营业务成本"账户下设堂食、网络外卖、外客、宴会包桌等明细账户）2019年11月1日堂食销售收入3 600元，款项已经送存开户银行。

根据"营业收入日报表"等编制会计分录如下：

借：银行存款　　　　　　　　　　　　　　　　　　　3 600
　　贷：主营业务收入——堂食　　　　　　　　　　　　　　3 600

> 【更上层楼】
>
> 餐饮企业经常采用第三方支付的方式结算，如支付宝、微信。如果将买方支付的金额存放在支付宝账户的"余额"或微信的"零钱"中，应当使用"其他货币资金"账户核算。如果将买方支付的金额存放在支付宝账户的"余额宝"或微信的"零钱通"中，实际是申购对应的货币基金，执行《企业会计准则》的企业应当使用"交易性金融资产"账户核算，执行《小企业会计准则》的企业应当使用"短期投资"账户核算。如果将买方支付的金额转存入支付宝或微信关联的银行账户，还应当将资金从"其他货币资金""交易性金融资产"或"短期投资"转入"银行存款"账户。
>
> 本书对支付宝或微信收款业务，假定使用"其他货币资金"账户核算。

【例7-2】××××饮食有限公司入驻美团外卖平台，2019年11月11日采用网络外卖方式销售食品：A食品250件，单价5元，价款1 250元；B食品200件，单价10元，价款 2 000 元；C 食品 200 件，单价 8 元，价款 1 600 元。货已发出，买方均用微信支付。

编制会计分录如下：

借：其他货币资金——微信   4 850

  贷：主营业务收入——网络外卖   4 850

【例 7-3】2019 年 11 月，××××饮食有限公司按照合同采用赊销方式向华彩公司销售职工工作餐：全员共计 A 套餐 300 件，单价 10 元，价款 3 000 元；B 套餐 400 件，单价 15 元，价款 6 000 元。货已发出，对方承诺下月付款。

编制会计分录如下：

借：应收账款——华彩公司   9 000

  贷：主营业务收入——外客   9 000

【例 7-4】2019 年 12 月 5 日，××××饮食有限公司收到开户银行转来的金额为 9 000 元的华彩公司的前欠货款。

编制会计分录如下：

借：银行存款   9 000

  贷：应收账款——华彩公司   9 000

餐饮企业承办宴会，要先填制订单，明确宴会时间、人数、桌数、菜单及消费标准。预订宴会如果预收订金，还要进行预收订金的核算。

【例 7-5】2019 年 11 月 26 日，××××饮食有限公司收到客户彭祖的寿宴订单一份：预订寿宴三桌，每桌收费 800 元，合计金额 2 400 元，通过支付宝预收订金 400 元。

编制预收订金的会计分录如下：

借：其他货币资金——支付宝   400

  贷：预收账款——彭祖   400

【例 7-6】2019 年 11 月 28 日，客户彭祖预订寿宴已消费，餐饮收入与订单一致，确认主营业务收入。

编制会计分录如下：

借：预收账款——彭祖   400

  其他货币资金——支付宝   2 000

  贷：主营业务收入——宴会包桌   2 400

（三）小规模纳税人月末税费计算

【例 7-7】汇总××××饮食有限公司 2019 年 11 月含增值税销售额为 154 500 元，其中堂食收入 37 080 元，网络外卖收入 46 350 元，外客食品收入 42 642 元，宴会包桌食品收入 28 428 元。计算不含税销售额（小规模纳税人增值税税率 3%）。以本月应纳增值税额为依据，计算本月应交城市维护建设税（税率 7%）、教育费附加（费率 3%）、地方教育附加（费率 2%）。并编制会计分录。

假定企业不享受增值税、城市维护建设税、教育费附加、地方教育附加减免。

不含税销售额 = 154 500 ÷ （1 + 3%） = 150 000 （元）

本月增值税应纳税额 = 150 000 × 3% = 4 500 （元）

本月城市维护建设税应纳税额＝4 500×7%＝315（元）

本月应纳教育费附加＝4 500×3%＝135（元）

本月应纳地方教育附加＝4 500×2%＝90（元）

计算增值税的会计分录如下：

借：主营业务收入——堂食　　　　　　　　　　　　　1 080

　　　　　　　　——网络外卖　　　　　　　　　　　1 350

　　　　　　　　——外客　　　　　　　　　　　　　1 242

　　　　　　　　——宴会包桌　　　　　　　　　　　　828

　　贷：应交税费——应交增值税　　　　　　　　　　　　　　4 500

计算城市维护建设税、教育费附加、地方教育附加的会计分录如下：

借：税金及附加　　　　　　　　　　　　　　　　　　　540

　　贷：应交税费——应交城市维护建设税　　　　　　　　　　315

　　　　　　　　——应交教育费附加　　　　　　　　　　　　135

　　　　　　　　——应交地方教育附加　　　　　　　　　　　 90

（四）餐饮成本的核算

餐饮企业食品的成本，仅包括实际烹制过程中所耗费的食品原料的价值，其余的如生产、销售、服务等过程所发生的各项支出，均作为销售费用处理，不记入主营业务成本。

餐饮企业的成本核算工作一般每月计算结转一次。成本计算对象根据企业规模大小、管理要求等确定。有的企业以中餐厅、西餐厅、咖啡厅、茶室等作为成本计算对象；有的企业以菜品、海鲜、面点等为成本计算对象。规模小的企业可以不做具体划分。

在计算成本的过程中，需要计算主料的成本、配料的成本、自制原材料的成本，估算调料的成本等，有时需要将成本在不同成本计算对象间进行分配。在仓库管理和计算食品成本的过程中，如果企业管理规范，采用领料制，可以使用永续盘存制的核算方法；否则，应当使用实地盘存制的核算方法。

【例7-8】××××饮食有限公司在月末计算并结转2019年11月的食品成本58 000元。其中耗用粮食26 000元，鲜活类原料16 000元，干货10 000元，调料5 000元，其他原材料1 000元；测算得知堂食成本14 000元，网络外卖食品成本18 000元，外客食品成本16 000元，宴会包桌食品成本10 000元。

编制会计分录如下：

借：主营业务成本——堂食　　　　　　　　　　　　　14 000

　　　　　　　　——网络外卖　　　　　　　　　　　18 000

　　　　　　　　——外客　　　　　　　　　　　　　16 000

　　　　　　　　——宴会包桌　　　　　　　　　　　10 000

　　贷：原材料——粮食　　　　　　　　　　　　　　　　　26 000

　　　　　　　——鲜活类　　　　　　　　　　　　　　　　16 000

　　　　　　　——干货　　　　　　　　　　　　　　　　　10 000

　　　　　　　——调料　　　　　　　　　　　　　　　　　 5 000

　　　　　　　——其他　　　　　　　　　　　　　　　　　 1 000

任务二 商品销售与收款的核算

一、商品销售与收款业务的核算

餐饮企业设置的柜台、商品部、商场等销售饮料、小零食等商品是企业日常经营活动的一部分，应作为主营业务收入核算，主营业务收入的明细账户应依据商品销售的规模、重要性、管理要求等设置。

【例7-9】2019年12月10日，××××饮食有限公司的柜台销售商品共计：冰红茶30瓶，单价2元，价款60元；矿泉水4瓶，单价2元，价款8元。收到现金8元，微信收款60元。

编制会计分录如下：

借：库存现金   8

    其他货币资金——微信   60

      贷：主营业务收入——商品销售   68

二、商品成本的核算

餐饮企业销售的商品，要采用一定的方法来确定销售成本。餐饮企业商品的成本核算，根据情况可以采用进价金额核算法或售价金额核算法。在采用进价金额核算法的情况下，又可以选择采用个别计价法、加权平均法、先进先出法或毛利率法。

【例7-10】××××饮食有限公司在月末计算并结转本月所销售商品的成本：冰红茶成本450元，矿泉水成本400元，牛奶成本200元，鱼罐头成本150元。

编制会计分录如下：

借：主营业务成本——商品销售   1200

    贷：库存商品——冰红茶   450

           ——矿泉水   400

           ——牛奶   200

           ——鱼罐头   150

【练习与提高】

一、填空题

1. 企业销售食品由于结算方式的不同,销售收入的会计分录的借方可能记录的账户有 "_____" "_____" 和 "_____" 等。

2. 餐饮企业的餐饮成本一般每_____计算结转一次。

3. 餐饮企业在销售食品时,如果有一部分收取现金,另一部分通过微信收款,应借记 "_____" 账户、"_____" 账户,贷记 "主营业务收入" 账户。

4. 符合要求的餐饮企业销售食品时可能收到商业汇票,包括银行承兑汇票和商业承兑汇票,此时要借记 "_____" 账户。

二、单项选择题

1. 餐饮企业的 "主营业务收入" 账户核算的内容不包括 ( )。
   A. 食品销售收入 B. 柜台商品销售收入
   C. 网络平台外卖收入 D. 接受捐赠

2. 在核算餐饮企业商品的成本时,不会采用 ( ) 方法。
   A. 先进先出 B. 加权平均
   C. 权责发生制 D. 个别计价

3. 客户以支付宝支付的服务费不会记入 ( ) 账户。
   A. "应收票据" B. "其他货币资金"
   C. "短期投资" D. "交易性金融资产"

4. 餐饮企业领用的制作主食的大米成本记入 ( ) 账户。
   A. "库存商品" B. "主营业务成本"
   C. "大米" D. "主营业务收入"

5. 下列会计分录中,不可能发生的是 ( )。
   A. 借:原材料 B. 借:主营业务收入
   　　贷:银行存款 　　贷:库存商品
   C. 借:其他货币资金 D. 借:主营业务成本
   　　贷:主营业务收入 　　贷:库存商品

三、判断题

( ) 1. 餐饮企业材料核算的永续盘存制适用于实行领料制的餐饮企业。

( ) 2. 根据企业实际,餐饮企业的主营业务收入可分为食品销售收入、饮料销售收入、其他收入等。

( ) 3. 为减少工作量、提高效率,小型餐饮企业可以在日常的会计核算中将含增值税的价税合计记入"主营业务收入"账户,待月末进行价税分离。

（　　）4.因为餐饮企业有食品生产,所以必须设立"生产成本"和"制造费用"等成本核算账户。

（　　）5.当餐饮企业通过微信收取销售商品款时,会借记"库存商品"账户,贷记"其他货币资金"账户。

【项目学习评价】

表 7-5　项目学习评价

成功之处	
不足之处	
改进措施	

项目八　财务会计综述

❖ 【项目学习目标、方法、建议学时】

表 8-1　项目学习目标、方法、建议学时

	学习目标	学习方法	建议学时
知识目标	1. 理解财务会计的概念、目标、基本假设 2. 理解会计信息质量要求 3. 理解会计要素 4. 理解会计的确认基础和计量属性	通过以学生为中心的讲授法、讨论法等，加强对教材知识点的剖析及理解，从而加深对企业业务的理解、掌握企业财务的主要基础理论	12
技能目标	熟练掌握模拟企业业务的会计核算		
情感态度价值观目标	教学中渗透会计职业道德、法律规范教育，引导学生在会计核算中建立严谨的工作态度、诚信的价值观		

任务一　财务会计的概念、目标、基本假设

一、财务会计的概念与企业会计准则体系

（一）财务会计的概念

通过之前的学习，我们知道会计是以货币为主要计量单位，履行核算和监督的职能，运用一系列专门方法，对经济活动进行确认、计量和报告的一种经济管理活动。社会组织按照是否以盈利为目的，可分为营利性组织和非营利性组织，相应地，会计分为企业会计和非营利组织会计。企业会计按照报告对象的不同，主要分为财务会计和管理会计。

财务会计是指在会计准则等的指导下，运用一系列会计程序和方法，对企业的经营活动进行核算和监督，并为企业外部及内部有关方面提供财务信息的一种管理活动。

（二）企业会计准则体系

我国的企业会计规范自 20 世纪 50 年代至 20 世纪 90 年代，一直采用会计制度的形式。1992 年 11 月，经国务院批准，财政部以部长令的形式，正式发布了《企业会计准则》，自 1993 年 7 月 1 日起正式实施。2006 年 2 月，财政部对原《企业会计准则》进行重大修订，发布了《企业会计准则—— 基本准则》和 38 项具体会计准则。2014 年 7 月，财政部对《企业会计准则—— 基本准则》进行了修改。近年来，财政部发布、修订一系列具体会计准则。

2011 年 10 月，财政部颁布《小企业会计准则》，这标志着我国已基本建立了完整的企业会计准则体系。《企业会计准则》规范大、中型企业的会计核算，《小企业会计准则》规范小、微型企业的会计核算。《小企业会计准则》适用于在中国境内依法设立的、符合《中小企业划型标准规定》所规定的小型企业标准的企业，自 2013 年 1 月 1 日起施行。按《小企业会计准则》，小企业的会计核算相对简化，根据学生需要和实际，本书以《小企业会计准则》为主要依据。

二、财务会计的目标

《企业会计准则——基本准则》（2014）明确指出，财务会计的目标（即财务会计报告的目标）是向财务会计报告使用者提供与企业财务状况、经营成果和现金流量等有关的会计信息，反映企业管理层受托责任履行情况，有助于财务会计报告使用者做出经济决策。财务会计报告使用者主要包括：

1. 企业的投资者（现有投资者和潜在投资者）。
2. 企业的债权人（银行、供应商等）。
3. 政府职能部门（财政、税务、统计、社会保障等）。

4. 企业管理当局和员工（经理、职工等）。

5. 社会公众。

三、会计基本假设

在市场经济条件下，会计赖以存在的经济环境存在许多不确定因素，在进行会计处理时难免要运用估计、判断。为了有效避免估计和判断的随意性，保证会计信息质量，产生了会计核算的基本假设。会计基本假设是对会计核算所处的时间、空间环境所做的合理设定，是企业会计确认、计量和报告的前提。《企业会计准则——基本准则》（2014）要求财务会计的确认、计量和报告应当以会计主体、持续经营、会计分期和货币计量为前提。

（一）会计主体

会计主体是指会计工作服务的特定单位，是会计确认、计量和报告的空间范围。为了向财务报告使用者反映企业财务状况、经营成果和现金流量，提供与其决策有用的信息，会计核算和财务会计报告的编制应当集中于反映特定对象的活动，并将其与其他经济实体区别开来，才能实现财务会计报告的目标。会计主体假设中界定了会计确认、计量和报告的空间，规定了会计核算的空间范围。

在现代会计阶段，会计主体可以是一个独立核算的经济实体，也可以是一个非法律实体。法人通常是会计主体，但会计主体不绝对是法人。从财务会计角度看，会计主体应该是独立核算的经济实体。

（二）持续经营

持续经营假定会计主体在可以预见的未来，不会面临破产和清算，从而，它所拥有的资产将在正常的经营过程中被耗用或出售；它所承担的债务，也将在同样的过程中被偿还。它是针对在市场经济条件下，作为会计主体的企业面临着竞争，经营的持续时间具有不确定性而提出的。持续经营假设为会计核算作出了时间上的规定。会计核算上所使用的一系列会计处理方法如历史成本计量都是建立在持续经营假设的基础上。

持续经营假设并不意味着企业将永远存在下去，也不意味着企业的资产永远不能以清算价值计量。若企业不能持续经营，就需要放弃这一假设，在清算假设下形成破产或重组的会计程序和方法。

（三）会计分期

会计分期假设是将企业连续不断的经营活动分割为若干较短时期，以便提供会计信息，是正确计算收入、费用和利润的前提。会计分期假设是对持续经营假设的必要补充，是对会计核算时间有效性的规定。

会计期间主要分为年度和中期。我国企业以公历年度为会计年度，即自公历 1 月 1 日起至 12 月 31 日止。中期是指短于一个完整会计年度的报告期间，如半年度、季度和月度，均按公历起讫日期确定。

（四）货币计量

货币计量假设是指企业的生产经营活动及其成果采用货币反映，该假设规定了会计的计量手段。会计产生以后，货币成为会计核算的主要计量手段。它暗含两层意思，即币种的唯一性和币值的不变性。

在我国，人民币是国家的法定货币，《会计法》规定，会计核算以人民币为记账本位币。业务收支以外币为主的企业，可以选定其中一种货币作为记账本位币，但是编报的财务会计报告应当折算为人民币。

【更上层楼】

会计核算的四项基本前提，具有相互依存、相互补充的关系。会计主体确立了会计核算的空间范围，持续经营与会计分期确立了会计核算的时间长度，而货币计量则为会计核算提供了必要手段。没有会计主体，就不会有持续经营；没有持续经营，就不会有会计分期；没有货币计量，就不会有现代会计。

任务二　会计信息质量要求

会计信息质量要求是对企业财务报告中所提供的会计信息质量的基本要求，是使财务会计报告提供会计信息对使用者决策有用所具备的基本特征。依据《企业会计准则——基本准则》（2014），它包括可靠性、相关性、可理解性、可比性、实质重于形式、重要性、谨慎性和及时性八项要求。

一、可靠性

可靠性要求企业应当以实际发生的交易或者事项为依据进行会计确认、计量和报告，如实反映符合确认和计量要求的各项会计要素及其他相关信息，以充分保证会计信息真实可靠、内容完整。

会计提供的信息是有关各方面进行经济决策的重要依据，如果会计核算所提供的数据资料不能客观地反映会计主体经济活动的实际情况，就无法满足有关各方的要求。如果会计提供虚假和歪曲的会计信息，不仅不能发挥会计应有的作用，而且还会导致错误的经济决策。因此，在确认会计事项时必须依据真实、客观的经济活动，并有真凭实据，不能受主观因素的影响。会计的计量、记录和报告不得伪造，必须真实地表达所要反映的经济业务。

二、相关性

相关性要求企业提供的会计信息应当与财务会计报告使用者的经济决策需要相关，有助于财务会计报告使用者对企业过去、现在或者未来的情况作出评价或者预测。

会计信息的价值，关键是看其与使用者的决策需要是否相关，是否有助于决策者提高决策水平。相关的会计信息应当有助于使用者评价企业过去的决策，证实或者修改过去的有关预测，因而具有反馈价值。相关的会计信息还应当具有预测价值，有助于使用者根据财务会计报告所提供的会计信息预测企业未来的财务状况、经营成果和现金流量。

三、可理解性

可理解性要求企业提供的会计信息应当清晰明了，便于财务会计报告使用者理解和使用。

企业编制财务会计报告，提供会计信息的目的在于使用，而要使使用者有效地使用会计信息，应当能让其了解会计信息的内涵，弄懂会计信息的内容，这就要求财务会计报告所提供的会计信息应当清晰明了，易于理解。只有这样，才能提高会计信息的有用性，实现财务报告的目标，满足向使用者提供决策有用信息的要求。

四、可比性

可比性要求企业会计核算应当按照规定的会计处理方法进行，会计指标应当口径一致，相互可比。从纵向和横向两个角度分析，可比性主要包括以下两层含义：

同一企业不同时期发生的相同或者相似的交易或者事项，应当采用一致的会计政策，不得随意变更。确需变更的，应当在附注中说明。

不同企业发生的相同或者相似的交易或者事项，应当采用规定的会计政策，以确保会计信息口径一致、相互可比。

五、实质重于形式

实质重于形式要求企业应当按照交易或者事项的经济实质进行会计确认、计量和报告，不应仅以交易或者事项的法律形式为依据。例如，以融资租赁方式租入的资产，虽然从法律形式来讲并不拥有其创造的未来经济利益，但会计核算上仍将融资租赁方式租入的资产视为企业的自有资产。

六、重要性

重要性要求企业提供的会计信息应当反映与企业财务状况、经营成果和现金流量等有关的所有重要交易或者事项。

如果会计信息的省略或误报会影响投资者等财务会计报告使用者据此作出决策，该信息就具有重要性。重要性的应用需要职业判断，企业应当根据所处环境和实际情况，从项目的性质和金额大小两方面加以判断。例如，10 000 元的损失，如果是因为自然灾害发生的，可能不重要，但倘若是由员工挪用公款而发生的，则十分重要；在小公司可能非常重大，而在大公司则可能并不重要。

七、谨慎性

谨慎性要求企业对交易或者事项进行会计确认、计量和报告应当保持应有的谨慎，不应高估资产或者收益、低估负债或者费用。

八、及时性

及时性要求企业对于已经发生的交易或者事项,应当及时进行会计确认、计量和报告,不得提前或者延后。

会计信息的价值在于帮助投资者或其他财务会计报告使用者作出经济决策,具有时效性。即使是可靠、相关的会计信息,如果失去时效性,对于使用者的效用就会大大降低,甚至不再有实际意义。

【更上层楼】

会计信息质量的八项要求可以分为两个层次:可靠性、相关性、可理解性和可比性构成会计信息质量的首要质量要求;实质重于形式、重要性、谨慎性和及时性构成次要质量要求。

任务三　会计要素

会计对象是会计核算和监督的内容,具体是指社会再生产过程中能以货币表现的经济活动,即资金运动或价值运动。会计要素是对会计对象所做的基本分类,是会计核算对象的具体化,是用于反映会计主体财务状况和经营成果的基本单位。会计要素主要分为反映企业财务状况的会计要素和反映企业经营成果的会计要素。我国《小企业会计准则》将会计要素界定为六个,即资产、负债、所有者权益、收入、费用和利润。其中,资产、负债和所有者权益三项会计要素侧重反映企业的财务状况,构成资产负债表要素;收入、费用和利润三项会计要素侧重于反映企业的经营成果,构成利润表要素。

一、资产

资产,是指小企业过去的交易或者事项形成的、由小企业拥有或者控制的、预期会给小企业带来经济利益的资源。资产主要具有以下基本特征:

1.资产是由小企业过去的交易或者事项形成的。

2.资产是由小企业拥有或者控制的。

3.资产预期会给小企业带来经济利益。

【更上层楼】

滨海公司 2020 年 1 月与大漠公司签订一份购料合同,合同尚未履行。问:合同签订时,该材料是不是滨海公司的资产?

小企业的资产按照流动性,可分为流动资产和非流动资产。小企业的流动资产,是指预计在一年内(含一年,下同)或超过一年的一个正常营业周期内变现、出售或耗用的资产。小企业的流动资产包括:货币资金、短期投资、应收及预付款项、存货等。小企业的存货主要包括:原材料、在产品、半成品、产成品、商品、周转材料、委托加工物资、消耗性生物资产等。

小企业的非流动资产主要包括长期债券投资、长期股权投资、固定资产、生产性生物资产、无形资产、长期待摊费用等。

小企业的资产应当按照成本计量，不计提资产减值准备。

二、负债

负债，是指小企业过去的交易或者事项形成的，预期会导致经济利益流出小企业的现时义务。负债具有以下基本特征：

1.负债是由小企业过去的交易或者事项形成的现时义务。所谓现时义务，是指在现行条件下已经承担的义务。

2.负债的清偿预期会导致经济利益流出小企业。企业可以用现金、银行存款或实物偿还负债，也可以提供劳务来偿还，满足条件的还可以将负债转化为实收资本。

【更上层楼】

××公司2020年2月向洛阳银行贷款20万元用于生产，同时与银行签订一份意向书，约定两个月后借入40万元的基本建设借款。问：生产经营贷款和基本建设贷款是不是都构成××公司的负债？

小企业的负债按照其流动性，可分为流动负债和非流动负债。小企业的流动负债，是指预计在一年内或者超过一年的一个正常营业周期内清偿的债务。小企业的流动负债主要包括短期借款、应付及预收款项、应付职工薪酬、应交税费、应付利息等。各项流动负债应当按照其实际发生额入账。

小企业的非流动负债主要包括长期借款、长期应付款等。非流动负债应当按照其实际发生额入账。

三、所有者权益

所有者权益，是指小企业资产扣除负债后由所有者享有的剩余权益。小企业的所有者权益包括：实收资本（或股本，下同）、资本公积、盈余公积和未分配利润。

所有者权益体现的是所有者在小企业中的剩余权益，因此，所有者权益的确认主要依赖于其他会计要素，尤其是资产和负债的确认；所有者权益金额的确定也主要取决于资产和负债的计量。例如：小企业接受投资者投入的固定资产，在该资产成为小企业的固定资产时，就相应地成为小企业的所有者权益；当该固定资产的价值能够可靠计量时，所有者权益的金额也就可以确定。从这个意义上讲，所有者权益的计量从属于资产和负债的计量，不存在专门的计量问题。

四、收入

收入，是指小企业在日常生产经营活动中形成的、会导致所有者权益增加、与所有者投入资本无关的经济利益的总流入。其中包括：销售商品收入和提供劳务收入。

销售商品收入，是指小企业销售商品（或产成品、材料，下同）取得的收入。通常情况下，小企业应当在发出商品且收到货款或取得收款权利时，确认销售商品收入。小企业应当按照从购买方已收或应收的合同或协议价款，确定销售商品收入金额。

小企业提供劳务的收入，是指小企业从事建筑安装、修理修配、交通运输、仓储租赁、邮电通信、咨询经纪、文化体育、科学研究、技术服务、教育培训、餐饮住宿、中介代理、卫生保健、社区服务、旅游、娱乐、加工以及其他劳务服务活动取得的收入。同一会计年度内开始并完成的劳务，应当在提供劳务交易完成且收到款项或取得收款权利时，确认提供劳务收入。提供劳务收入的金额为从接受劳务方已收或应收的合同或协议价款。劳务的开始和完成分属于不同会计年度的，应当按照完工进度确认提供劳务收入，即按照完工百分比法确认劳务收入和成本。

五、费用

费用，是指小企业在日常生产经营活动中发生的、会导致所有者权益减少、与向所有者分配利润无关的经济利益的总流出。小企业的费用包括：营业成本、税金及附加、销售费用、管理费用、财务费用等。通常情况下，小企业的费用应当在发生时按照其发生额计入当期损益。

六、利润

利润，是指小企业在一定会计期间的经营成果。包括：营业利润、利润总额和净利润。其计算公式如下：

营业利润＝营业收入－营业成本－税金及附加－销售费用－管理费用－财务费用＋投资收益（－投资损失）

利润总额＝营业利润＋营业外收入－营业外支出

净利润＝利润总额－所得税费用

任务四　会计的确认基础和计量属性

确认、计量和报告是会计核算的核心和精髓，学习会计一定要理解和运用好这六个字。

会计确认就是对企业经济活动进行分析、识别和判断，以确定它们是否对会计要素产生影响以及影响的会计要素。对会计要素的确认分为两个步骤：一是记入账簿，即初次确认；二是把账簿的内容列为报表的内容，即再次确认。所以，会计确认就是确定有关经济业务能否进入会计信息系统的过程。

在会计对有关经济业务进行确认之后，就需要进一步确定经济业务对有关要素数量的金额影响，这一过程称为会计计量。会计计量是将符合确认条件的会计要素登记入账、列报于财务报告并确定其金额的过程。企业应当按照规定的计量属性进行计量。我国《小企业会计准则》明确规定小企业主要采用历史成本的计量属性。

历史成本又称为实际成本，是指按照取得或制造某项财产物资时所实际支付的现金或者其他等价物价值计价的金额。在历史成本计量下，资产按照购置时支付的现金或者现金等价物的金额，或者按照购置资产时所付出的对价的公允价值计量；负债按照因承担现时义务而收到的款项或者资产的金额，或者承担现时义务的合同金额，或者按照日常活动中为偿还负债预期需要支付的现金或者现金等价物的金额计量。

当小企业发生存货或固定资产盘盈时，要使用重置成本的计量属性。重置成本又称为现行成本，是指按照当前市场条件，重新取得同样一项资产所需支付的现金或现金等价物的金额。在重置成本计量下，资产按照现在购买相同或者相似的资产所需支付的现金或者现金等价物的金额计量。

会计确认是对财务报告要素（即会计要素）的确认，由于所有者权益主要取决于资产和负债的确认和计量，是资产和负债的差额，一般不存在确认问题；利润主要取决于收入和费用的确认和计量，是收入和费用的差额，一般也不存在确认问题。

【练习与提高】

一、填空题

1.《企业会计准则——基本准则》（2014）要求财务会计的确认、计量和报告应当以_____、_____、_____和_____为前提。

2.截至 2011 年，我国已基本建立了完整的企业会计准则体系，具体而言包括两部分：_____和_____。

3._____、_____和_____三项会计要素侧重反映企业的财务状况，构成资产负债表要素。

4._____ 是指小企业资产扣除负债后由所有者享有的剩余权益。

5.小企业的利润包括营业利润、利润总额和净利润三个层次。其中，利润总额＝_____＋_____－_____。

6.小企业主要采用的计量属性是_____。

二、单项选择题

1.确定会计核算空间范围的会计假设（　　）。

　　A. 会计主体　　　　　　　　　　B. 持续经营

　　C. 会计分期　　　　　　　　　　D. 货币计量

2.强调同一企业各期提供的会计信息应当采用一致的会计政策，不得随意变更的会计信息质量要求的是（　　）。

　　A. 可靠性　　　　　　　　　　　B. 相关性

　　C. 可比性　　　　　　　　　　　D. 可理解性

3.企业对已经发生的交易或者事项应当及时进行会计确认、计量和报告，不得提前或者延后，体现的是（　　）的要求。

　　A. 及时性　　　　　　　　　　　B. 相关性

　　C. 可靠性　　　　　　　　　　　D. 重要性

4.企业收到投资者投入的资本时，应计入（　　）会计要素。

　　A. 资产　　　　　　　　　　　　B. 负债

　　C. 所有者权益　　　　　　　　　D. 收入

5.下列项目中，符合小企业资产定义的是（　　）。

　　A. 经营租入的机器　　　　　　　B. 购入的材料

　　C. 计划购买的股票　　　　　　　D. 发行的股票

6.下列项目中，不存在专门的计量问题的是（　　）。

　　A. 资产　　　　　　　　　　　　B. 负债

　　C. 所有者权益　　　　　　　　　D. 收入

三、判断题

（　　）1.企业会计按照报告对象的不同，分为财务会计和管理会计。

（　　）2.从财务会计角度看，会计主体不仅可以是独立核算的经济实体，还可以是企业内部的生产车间。

（　　）3.会计核算只能以货币作为计量单位。

（　　）4.按照谨慎性的会计信息质量要求，企业可以合理估计可能发生的损失和费用，因此，小企业可以任意提取各自减值准备。

（　　）5.接受捐赠会导致经济利益流入企业，因此，它属于会计准则规定的"收入"。

（　　）6.如果不能确认，也就不需要计量；如果不能计量，确认也就没有意义。

❖ 【项目学习评价】

表 8-7　项目学习评价

成功之处	
不足之处	
改进措施	

参考文献

[1] 中华人民共和国财政部. 小企业会计准则[M]. 上海：立信会计出版社，2012.

[2] 中华人民共和国财政部. 企业会计准则（合订本）[M]. 北京：经济科学出版社，2019.

[3] 陈志坚. 增值税会计处理指南[M]. 北京：中国税务出版社，2017.

[4] 张现争. 强化中职小企业会计教学的必要性及措施[J]. 职业教育研究，2012(11).

[5] 张现争，武国琼，姚建玲. 阶梯式会计基础[M]. 郑州：河南大学出版社，2019.

[6] 季华，施先旺. 中级财务会计 [M]. 大连：东北财经大学出版社，2019.

[7] 徐俊. 企业会计实务[M]. 北京：高等教育出版社，2018.

[8] 李占国. 基础会计学综合模拟实训（第四版）[M]. 北京：高等教育出版社，2020.